원문으로 읽고 듣는

바이든 명연설집

JOE BIDEN SPEECH
원문으로 읽고 듣는
바이든 명연설집

초판 1쇄 발행 2021년 2월 5일

기획 및 개발   배이직 BaEsic Contents House
발행처   삼지사
발행인   이재명
디자인   배이직

출판사 등록일 1968년 11월 18일
등록번호   제 406-2011-000021호
주소   경기도 파주시 산남로 47-10 도서출판 삼지사
             Tel. 031) 948-4502/948-4564   Fax. 031) 948-4508
홈페이지   www.samjibooks.com

ISBN   978-89-7358-527-4 13740

정가는 표지 뒷면에 있습니다.

He Says : Unity. Unity.

원문으로 읽고 듣는
바이든 명연설집

배이직 컨텐츠하우스

머리말

2021년 1월 20일 제 46대 미국 대통령으로 조 바이든의 취임이 있었습니다. 그는 최연소 상원의원이었으며 미국 역사상 최고령 대통령입니다.

29세때 부터 36년간 상원의원을 지냈던 그는 1987년 처음으로 대선에 도전했지만, 연설문 표절 시비로 사퇴한 후 2008년 두번째로 대통령 직에 도전했으나 경선에서 참패한 후 오바마 대통령의 러닝메이트로 선정되어 오바바 행정부 시절 8년간 부통령직을 수행한 바 있습니다. 그리고 3번째 도전 끝에 강력한 이미지를 가지고 있지는 않지만 카멜라 해리스를 러닝메이트로 하는 등 오바마에 대한 회귀심리와 반트럼프 민심을 얻어 역전을 거듭해 대선에 성공했습니다.

그는 소박한 이미지로 '엉클 조' 라고 불리기도 하며 카리스마의 부족을 약점으로 지적받기도 합니다. 하지만 어릴 때의 말더듬증을 극복하기도 했으며 넉넉하지 않은 가정 형편으로 온갖 아르바이트를 전전하며 학비를 마련하고 스스로의 정체성을 '블루컬러' 라고 말하기도 했습니다. 화끈하지는 않지만 굳은 의지와 자기 절제 그리고 꾸준함으로 그를 설명할 수 있습니다.

이 책에 수록된 대통령 취임 연설을 포함한 7개의 "바이든 명 연설문"에는 이런 바이든의 생각이 잘 표현되어 있습니다. 더욱이 카멜라 해리스와 미셸 오바마의 연설을 통해 우리는 바이든 정부의 다양성을 이해할 수 있습니다.

이 연설문들을 통해 새로운 미국을 이해하는 데 도움이 되길 바랍니다.

차례

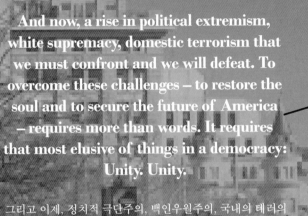

And now, a rise in political extremism, white supremacy, domestic terrorism that we must confront and we will defeat. To overcome these challenges — to restore the soul and to secure the future of America — requires more than words. It requires that most elusive of things in a democracy: Unity. Unity.

그리고 이제, 정치적 극단주의, 백인우월주의, 국내의 테러의 발생은 우리가 맞서야 하고 물리칠 것입니다. 미국의 정신을 바로 세우고 미국의 미래를 안정시키기는, 이러한 도전을 극복하는 것은 말 이상의 것이 필요합니다. 민주주의에서 가장 이루기 힘든 것을 요구합니다. 단합입니다. 단합.

January 20, 2021

Biden's Inaugural Address

"단합, 단합입니다."

대통령 취임 직전까지 미국은 마치 내전 전야라고 생각되어질 정도로 극도로 분열된 현상을 보여 주기도 했습니다. 단지 구호나 격론이 아닌 폭력 현상이 벌어지기도 했습니다. 당연히 조 바이든의 일성은 단합이었습니다. 인종, 계급, 계층 모든 분야에서 극도로 나뉘어진 미국민을 하나로 묶는 것이 그의 첫번째 과제인 것입니다.

이밖에도 바이든 정부의 앞길에는 바로 코로나 펜데믹의 해결이라는 즉시적이고 절체절명의 큰 과업이 기다리고 있습니다. 바이든 행정부는 미국의 회복을 기치로 내걸고 있습니다. 미국민의 평온한 일상을, 세계 경찰로서의 미국을, 다양성을 최대한 보장하던 용광로였던 미국을 다시 만들어 보이겠다고 합니다. 그래서인지 바이든 정부는 여성과 유색인종 등 그 동안 유리천장이었던 각료진의 구성을 상당히 깨트렸습니다. 이 취임 연설은 앞으로의 미국을 알 수 있는 단초를 제공합니다.

Inaugural Address

Chief Justice Roberts, Vice President Harris, Speaker Pelosi, Leader Schumer, Leader McConnell, Vice President Pence, distinguished guests, and my fellow Americans. This is America's day. This is democracy's day. A day of history and hope. Of **renewal** and resolve. Through a crucible for the ages America has been tested **anew** and America has risen to the challenge.

Today, we celebrate the triumph not of a candidate, but of a cause, the cause of democracy. The will of the people has been heard and the will of the people has been **heeded**. We have learned again that democracy is precious. Democracy is fragile. And at this hour, my friends, democracy has prevailed.

So now, on this **hallowed** ground where just days ago violence sought to shake this Capitol's very foundation, we come together as one nation, under God, indivisible, to carry out the peaceful transfer of power as we have for more than two centuries. We look ahead in our **uniquely** American way – restless, bold, optimistic – and set our sights on the nation we know we can be and we must be.

대통령 취임 연설

로버츠 대법원장, 해리스 부통령, 펠로시 의장, 슈머 대표, 맥코넬 대표, 펜스 부통령, 귀빈 그리고 국민 여러분. 오늘은 미국의 날입니다. 오늘은 민주주의의 날입니다. 역사와 희망의 날입니다. 새로움과 해결의 날입니다. 오랫동안 시련을 통해 미국은 새롭게 시험받고 도전에 맞서왔습니다.

오늘, 우리는 한 후보자가 아닌 목적, 민주주의라는 목적의 승리를 축하합니다. 국민의 의지가 표출되고 국민의 의지가 받아들여졌습니다. 우리는 민주주의는 소중하다는 것을 다시 한번 배웠습니다. 민주주의는 깨지기 쉽다는 것을 알았습니다. 오늘 이 시간, 국민여러분, 민주주의가 승리했습니다.

그래서 지금, 불과 며칠 전 폭력이 이 의사당의 토대를 흔들려고 시도했던 이 자리에서, 우리는 200년 이상 유지하고 있는 평화적 정권 이양을 위해, 신의 아래, 분열될 수 없는, 하나의 국민으로 함께 모였습니다. 그칠 줄 모르고, 대담하며, 낙관적인, 우리만의 미국적 방식으로 앞날을 내다보고 우리가 이룰 수 있고 이뤄야 하는 국가를 목표로 삼았습니다.

📝 **word tip!**

renewal 재개, 부활 anew (처음부터) 다시, 새로 heed 주의를 기울이다
hallowed 소중한, 신성시되는 uniquely 유례없이, 독특하게

I thank my **predecessors** of both parties for their presence here. I thank them from the bottom of my heart. You know the **resilience** of our Constitution and the strength of our nation. As does President Carter, who I spoke to last night but who cannot be with us today, but whom we **salute** for his lifetime of service. I have just taken the sacred oath each of these patriots took — an oath first sworn by George Washington. But the American story depends not on any one of us, not on some of us, but on all of us. On "We the People" who seek a more perfect Union.

This is a great nation and we are a good people. Over the centuries through storm and strife, in peace and in war, we have come so far. But we still have far to go. We will press forward with speed and urgency, for we have much to do in this winter of **peril** and possibility. Much to repair. Much to restore. Much to heal. Much to build. And much to gain.

Few periods in our nation's history have been more challenging or difficult than the one we're in now. A **once-in-a-century** virus silently stalks the country. It's taken as many lives in one year as America lost in all of World War II. Millions of jobs have been lost. Hundreds of thousands of businesses closed.

이 자리에 함께한 양당의 전임 대통령들에 감사드립니다. 가슴 깊은 감사를 드립니다. 여러분들은 우리 헌법의 복원력과 우리나라의 힘을 알고 있습니다. 카터 대통령이 그랬던 것처럼, 어젯밤 통화를 했는데, 오늘 이 자리에는 참석하지 못했지만 일생을 봉사하신 것에 감사드립니다. 모든 애국자들이 했던 신성한 선서를 이제 막 했습니다. 조지 워싱턴이 처음 했던 선서입니다. 하지만 미국의 이야기는 우리 중 한사람 혹은 몇 명에 의해가 아니라 우리 모두에 의해 결정됩니다. 보다 완벽한 연합을 추구하는 "우리 국민들"에 의해 결정됩니다.

우리나라는 훌륭한 나라이고 우리는 훌륭한 국민입니다. 수백 년 동안 폭풍과 투쟁을 통해, 평화와 전쟁을 겪으며, 우리는 여기까지 왔습니다. 하지만 우리는 여전히 나아가야 합니다. 우리는 빠르고 신속하게 앞으로 나아갈 것입니다. 위험과 가능성의 이 겨울에 우리가 해야 할 것이 많이 있기 때문입니다. 복구해야 할 것이 많기 때문입니다. 회복해야 할 것이 많기 때문입니다. 치유해야 할 것이 많기 때문입니다. 건설해야 할 것이 많기 때문입니다. 이루어야 할 것이 많기 때문입니다.

우리나라 역사에서 지금 우리가 처해 있는 것보다 더 위협적이고 어려운 적은 거의 없었습니다. 100년에 1번 나올 만한 바이러스가 우리나라를 유린하고 있습니다. 이 바이러스는 한 해 동안 2차 세계대전 기간 중 사망한 미국인 수만큼을 희생시켰습니다. 수백만의 일자리가 사라졌습니다. 수많은 사업체가 문을 닫았습니다.

word tip!

predecessor 전임자 resilience 회복력 salute 경례[거수경례]를 하다
peril 위험 once-in-a-century 세기에 한 번뿐인

A cry for racial justice some 400 years in the making moves us. The dream of justice for all will be deferred no longer. A cry for survival comes from the planet itself. A cry that can't be any more desperate or any more clear.

And now, a rise in political **extremism**, white **supremacy**, domestic terrorism that we must **confront** and we will defeat. To overcome these challenges – to restore the soul and to secure the future of America – requires more than words. It requires that most **elusive** of things in a democracy: Unity. Unity.

In another January in Washington, on New Year's Day 1863, Abraham Lincoln signed the **Emancipation Proclamation**. When he put pen to paper, the President said, "If my name ever goes down into history it will be for this act and my whole soul is in it."

My whole soul is in it. Today, on this January day, my whole soul is in this: Bringing America together. Uniting our people. And uniting our nation. I ask every American to join me in this cause.

400여 년의 인종적 정의에 대한 외침이 우리를 움직이게 했습니다. 모든 사람들을 위한 정의에 대한 꿈이 더 이상은 방해받지 않을 것입니다. 생존에 대한 외침이 지구 자체에서 울려 나오고 있습니다. 이보다 더 절망적이고 보다 더 명백한 외침은 없습니다.

그리고 이제, 정치적 극단주의, 백인 우월주의, 국내의 테러의 발생은 우리가 맞서야 하고 물리칠 것입니다. 미국의 정신을 바로 세우고 미국의 미래를 안정시키기는, 이러한 도전을 극복하는 것은 말 이상의 것이 필요합니다. 민주주의에서 가장 이루기 힘든 것을 요구합니다. 단합입니다. 단합.

1863년 1월 1일, 워싱턴에서 아브라함 링컨 대통령은 노예 해방령에 서명했습니다. 서류에 펜을 대면서, 대통령은 "제 이름이 역사에 전해진다면, 이 법령 때문이고 저의 모든 영혼은 이 안에 들어 있다"라고 말했습니다.

저의 모든 영혼이 이 법령 안에 들어있습니다. 오늘, 1월 이날에, 저의 모든 영혼이 여기에 들어 있습니다. 모든 미국인을 하나로 만드는 것. 우리 국민을 통합하는 것. 우리나라를 통합하는 것. 미국인들에게 이러한 목적을 위해 저와 함께 하자고 요청합니다.

word tip!

extremism 극단[과격]주의 supremacy 패권, 우위 confront (문제나 곤란한 상황에) 맞서다
elusive 찾기[규정하기/달성하기] 힘든 Emancipation Proclamation 노예 해방령[해방 선언]

Uniting to fight the common **foes** we face: Anger, **resentment**, hatred. Extremism, lawlessness, violence. Disease, joblessness, hopelessness.

With unity we can do great things. Important things. We can right wrongs. We can put people to work in good jobs. We can teach our children in safe schools. We can overcome this deadly virus. We can reward work, rebuild the middle class, and make health care secure for all. We can deliver racial justice. We can make America, once again, the leading force for good in the world.

I know speaking of unity can sound to some like a foolish fantasy. I know the forces that divide us are deep and they are real. But I also know they are not new.

Our history has been a constant struggle between the American ideal that we are all created equal and the **harsh**, ugly reality that racism, nativism, fear, and demonization have long torn us apart. The battle is **perennial**. Victory is never assured.

Through the Civil War, the Great Depression, World War, 9/11, through struggle, sacrifice, and **setbacks**, our "better angels" have always prevailed. In each of these moments, enough of us came together to carry all of us forward.

우리가 함께 마주하고 있는 적에 맞서기 위해 단합하는 것. 화, 분노, 적의라는 공동의 적. 극단주의, 무법, 폭력이라는 공동의 적. 질병, 실업, 절망적인 상태라는 공동의 적.

통합하여, 우리는 위대한 것을 할 수 있습니다. 중요한 것들. 우리는 잘못을 바로잡을 수 있습니다. 우리는 사람들을 좋은 일자리에서 일하게 할 수 있습니다. 우리는 안전한 학교에서 우리의 아이들을 교육할 수 있습니다. 우리는 이 무시무시한 바이러스를 이겨낼 수 있습니다. 우리는 일에 보상을 하고, 중산층을 다시 세우고, 전 국민 의료보험을 안정되게 할 수 있습니다. 우리는 인종적 정의를 이룩할 수 있습니다. 우리는 다시 한번 세계에서 미국이 선을 위한 주도적 세력이 되게 할 수 있습니다.

통합에 대해 이야기하는 것이 어떤 분들에게는 바보 같은 환상처럼 들릴 수도 있다는 것을 알고 있습니다. 우리를 분열시키는 세력들은 뿌리 깊고 실제적이라는 것을 알고 있습니다. 하지만, 이러한 세력이 새로운 것이 아니라는 것도 알고 있습니다.

우리의 역사는 우리는 평등하게 창조되었다는 미국의 이상과 인종차별, 이민 배척 주의, 두려움과 악마화가 우리를 오랫동안 갈라놓은 추악한 현실 사이의 끊임없는 투쟁이었습니다. 이 싸움은 끊임없이 계속됩니다. 승리는 영원히 보장되지 않습니다.

남북전쟁, 대공황, 세계대전, 9/11을 겪으며, 투쟁, 희생과 패배를 통해 우리의 "선한 천사"가 항상 승리를 거두어 왔습니다. 이러한 모든 순간에, 우리 각자는 우리 모두를 앞으로 나아가게 하기 위해 함께 했습니다.

word tip!

foe 적 resentment 분함 harsh 가혹한 perennial 지속되는, 영원한 setback 차질

And, we can do so now. History, faith, and reason show the way, the way of unity. We can see each other not as adversaries but as neighbors. We can treat each other with dignity and respect. We can join forces, stop the shouting, and lower the temperature.

For without unity, there is no peace, only **bitterness** and fury. No progress, only exhausting **outrage**. No nation, only a state of chaos. This is our historic moment of crisis and challenge, and unity is the path forward. And, we must meet this moment as the United States of America.

If we do that, I **guarantee** you, we will not fail. We have never, ever, ever failed in America when we have acted together. And so today, at this time and in this place, let us start **afresh**. All of us. Let us listen to one another. Hear one another. See one another. Show respect to one another.

Politics need not be a raging fire destroying everything in its path. Every disagreement doesn't have to be a cause for total war. And, we must reject a culture in which facts themselves are **manipulated** and even manufactured.

그리고 이제 우리는 그렇게 할 수 있습니다. 역사, 신뢰와 이성은 그 길을, 통합의 길을 보여줍니다. 우리는 서로를 적이 아니라 이웃으로 볼 수 있습니다. 우리는 서로를 존엄과 존경으로 대할 수 있습니다. 우리는 힘을 모으고, 고함치는 것을 그만두고, 흥분을 가라앉힐 수 있습니다.

　통합이 없다면, 평화는 없고 오직 괴로움과 분노만이 있게 됩니다. 진보는 없고 소모적인 폭력행위만이 있게 됩니다. 국가는 없고 오직 혼동의 상태만이 있게 됩니다. 이것은 우리의 위기와 도전의 역사적 순간이고 통합은 앞으로 나아가는 길입니다. 그리고 우리가 미국으로써 이 순간을 맞아야만 합니다.

　그렇게 한다면, 우리는 실패하지 않을 것이라는 것을 보장합니다. 우리가 함께 행동한다면, 미국은 결코 실패한 적이 없습니다. 그러므로 오늘도 바로 이 순간 이 장소에서 다시 새롭게 시작합시다. 우리 모두가. 서로에 귀를 기울입시다. 서로의 이야기를 듣고, 서로를 바라보고, 서로에게 존경심을 보여줍시다.

　정치가 앞길에 놓여있는 모든 것을 파괴하는 분노의 불꽃이 되어야 할 필요가 없습니다. 의견이 다르다고 해서 전면적인 전쟁으로 이어져야 할 필요는 없습니다. 그리고 우리는 사실이 조작되고 심지어는 거짓으로 만들어지는 문화는 거부해야 합니다.

 word tip!

bitterness 씀, 쓴 맛 outrage 격분, 격노 guarantee 보장[약속]하다 afresh 새로 manipulate 조종하다

My fellow Americans, we have to be different than this. America has to be better than this. And, I believe America is better than this. Just look around. Here we stand, in the shadow of a Capitol dome that was completed **amid** the Civil War, when the Union itself hung in the balance. Yet we endured and we prevailed. Here we stand looking out to the great Mall where Dr. King spoke of his dream. Here we stand, where 108 years ago at another inaugural, thousands of protestors tried to block brave women from marching for the right to vote. Today, we mark the **swearing**-in of the first woman in American history elected to national office – Vice President Kamala Harris. Don't tell me things can't change.

Here we stand across the Potomac from Arlington National Cemetery, where heroes who gave the last full measure of devotion rest in eternal peace. And here we stand, just days after a **riotous mob** thought they could use violence to silence the will of the people, to stop the work of our democracy, and to drive us from this sacred ground. That did not happen. It will never happen. Not today. Not tomorrow. Not ever.

To all those who supported our campaign I am humbled by the faith you have placed in us. To all those who did not support us, let me say this: Hear me out as we move forward. Take a measure of me and my heart.

미 국민 여러분, 우리는 이것과는 달라야 합니다. 미국인은 이보다는 더 훌륭해야 합니다. 그리고 미국인은 이보다 더 훌륭하다고 믿고 있습니다. 주위를 둘러보세요. 우리가 서 있는 이곳은 남북전쟁 중에 완성된 의사당의 돔 아래이고, 그때는 연맹의 존속이 달려 있던 시기입니다. 하지만 우리는 견뎌냈고 우리는 승리했습니다. 여기에 서서 우리는 마틴 루터 킹 목사가 자신의 꿈에 대해 이야기하던 몰을 바라보고 있습니다. 우리가 서있는 여기는 108년 전 취임식에서, 수많은 시위 군중들이 용감한 여성들의 투표권을 위한 행진을 막으려고 했던 장소입니다. 오늘날, 우리는 미국 역사상 공직에 선출된 최초의 여성 부통령 카멀라 해리스의 선서를 기념합니다. 상황이 변하지 않는다고 말하지 마세요.

우리는 이곳 알링턴 국립묘지 건너편에 서있습니다. 그곳은 자신들의 모든 것을 헌신한 영웅들이 영면을 하고 있는 곳입니다. 그리고 우리는 며칠 전 폭도들이 국민의 의지를 폭력을 사용하여 침묵시키고 민주주의 작동을 멈추게 하고, 우리를 신성한 토대에서 몰아내려고 했던 그 자리에 서있습니다. 그런 일이 일어나지 않았습니다. 그런 일은 절대로 일어나지 않을 것입니다. 오늘도 일어나지 않으며, 내일도 일어나지 나지 않을 것이고, 영원히 일어나지 않을 것입니다.

선거운동 기간에 저를 지지해 준 국민들 여러분, 우리에게 주신 신뢰에 겸손해집니다. 저를 지지하지 않은 국민들께, 앞으로 나아가며 저의 말을 들어보라고 말하겠습니다. 저와 저의 마음을 헤아려보라고 말씀드리겠습니다.

word tip!

amid …으로 에워싸인 swearing 욕, 욕설 riotous (특히 공공장소에서) 소란을 피우는[폭력을 행사하는] mob (특히 폭력을 휘두르거나 말썽을 일으킬 것 같은) 군중

And if you still disagree, so be it. That's democracy. That's America. The right to **dissent peaceably**, within the guardrails of our Republic, is perhaps our nation's greatest strength. Yet hear me clearly: Disagreement must not lead to disunion.

And I pledge this to you: I will be a President for all Americans. I will fight as hard for those who did not support me as for those who did.

Many centuries ago, Saint Augustine, a saint of my church, wrote that a people was a **multitude** defined by the common objects of their love. What are the common objects we love that define us as Americans? I think I know. Opportunity. Security. Liberty. Dignity. Respect. Honor. And, yes, the truth.

Recent weeks and months have taught us a painful lesson. There is truth and there are lies. Lies told for power and for profit.

And each of us has a duty and responsibility, as citizens, as Americans, and especially as leaders – leaders who have pledged to honor our Constitution and protect our nation — to defend the truth and to defeat the lies.

계속 마음에 들지 않는다면, 그렇게 두십시오. 그것이 민주주의입니다. 그것이 미국입니다. 우리 공화국의 허용 범위 내에서 평화롭게 의견을 달리하는 것은 아마도 우리나라의 가장 큰 힘일 것입니다. 하지만, 제 말을 분명히 들으세요. 의견을 달리하는 것은 단합을 해치는 것이 되어서는 안 됩니다.

분명하게 약속하겠습니다. 저는 모든 미국인들의 대통령이 되겠습니다. 저는 저를 지지했던 분들을 위해서처럼 저를 지지하지 않았던 분들을 위해 최선을 다해 싸울 것입니다.

수백 년 전, 제가 다니는 성당의 수호 성자인, 성 어거스틴은 국민은 자신들의 사랑의 공동대상에 의해 정의되는 군중이라고 말했습니다. 우리를 미국인이라고 정의하는 우리가 사랑하는 공동 대상은 무엇일까요? 저는 알고 있다고 생각합니다. 기회입니다. 안전입니다. 자유입니다. 존엄입니다. 존경입니다. 명예입니다. 그리고 진리입니다.

지난 몇 주, 몇 달 동안 우리는 뼈아픈 교훈을 배웠습니다. 진실도 있고 거짓도 있습니다. 거짓말은 권력과 이익을 위한 것입니다.

우리 모두는 시민으로써, 미국민으로써, 그리고 특히 지도자로써, 우리의 헌법을 존중하고 우리나라를 지키겠다고 약속한 지도자는, 진실을 지키고 거짓을 물리쳐야 할 의무가 있습니다.

word tip!

dissent 반대하다 peaceably 평화롭게 multitude 아주 많은 수, 다수 recent 최근의

I understand that many Americans view the future with some fear and **trepidation**. I understand they worry about their jobs, about taking care of their families, about what comes next. I get it. But the answer is not to turn inward, to retreat into competing factions, **distrusting** those who don't look like you do, or worship the way you do, or don't get their news from the same sources you do.

We must end this uncivil war that **pits** red against blue, rural versus urban, conservative versus liberal. We can do this if we open our souls instead of hardening our hearts. If we show a little tolerance and humility. If we're willing to stand in the other person's shoes just for a moment. Because here is the thing about life: There is no accounting for what fate will deal you. There are some days when we need a hand. There are other days when we're called on to lend one. That is how we must be with one another. And, if we are this way, our country will be stronger, more **prosperous**, more ready for the future.

My fellow Americans, in the work ahead of us, we will need each other. We will need all our strength to **persevere** through this dark winter. We are entering what may well be the toughest and deadliest period of the virus. We must set aside the politics and finally face this pandemic as one nation.

많은 미국인들이 일종의 두려움과 혼란으로 미래를 보고 있다는 것을 이해합니다. 그들은 자신들의 직장, 가족을 돌보는 것, 다음에 일어날 일에 대해 걱정하고 있다는 것을 이해합니다. 알겠습니다. 그러나 안으로만 파고들거나, 경쟁하는 무리 안으로 숨어버리거나, 당신과 같아 보이지 않는 사람들을 믿지 못하거나, 당신과 다른 예배의식을 하는 사람을 믿지 못하거나, 당신과 다른 근원의 뉴스를 알게 되는 사람들을 믿지 못하는 것은 해결책이 아닙니다.

　우리는 공화당과 민주당이, 도시와 지방이, 보수주의와 자유주의가 싸우게 만드는 이 천박한 싸움을 끝내야만 합니다. 마음을 단단히 닫지 않고 우리의 영혼을 열어놓는다면 우리는 할 수 있습니다. 우리가 약간의 인내와 겸손을 보인다면. 우리가 잠시 다른 사람의 입장이 되어볼 의향이 있다면. 삶이란 당신이 어떤 운명에 처하게 될지 알 수 없는 것이 때문입니다. 우리가 남의 도움을 필요로 하는 때가 있습니다. 우리의 도움을 남에게 베풀어야 할 때도 있습니다. 그것이 서로 함께 하는 방식이 되어야 합니다. 우리가 이와 같은 방식이 된다면, 우리나라는 더 강력하고, 보다 번영하고, 보다 미래를 준비할 수 있을 것입니다.

　미국민 여러분, 우리 앞에 놓인 일을 하는 데, 우리는 서로를 필요로 합니다. 이 암울한 겨울을 이겨내는 데 우리의 모든 힘이 필요할 것입니다. 우리는 이 바이러스의 가장 강력하고 치명적인 기간에 들어서고 있습니다. 정치는 미루어 두고, 하나의 국가로 이 대 유행 질병에 맞서야 합니다.

word tip!

trepidation 두려움　distrust 불신하다　pit 자국[구멍]을 남기다
prosperous 번영한　persevere 인내심을 갖고 하다

I promise you this: as the Bible says **weeping** may endure for a night but joy **cometh** in the morning. We will get through this, together.

The world is watching today. So here is my message to those beyond our borders: America has been tested and we have come out stronger for it. We will repair our **alliances** and engage with the world once again. Not to meet yesterday's challenges, but today's and tomorrow's. We will lead not **merely** by the example of our power but by the power of our example. We will be a strong and trusted partner for peace, progress, and security.

We have been through so much in this nation. And, in my first act as President, I would like to ask you to join me in a moment of silent prayer to remember all those we lost this past year to the pandemic. To those 400,000 fellow Americans – mothers and fathers, husbands and wives, sons and daughters, friends, neighbors, and co-workers. We will honor them by becoming the people and nation we know we can and should be. Let us say a silent prayer for those who lost their lives, for those they left behind, and for our country. Amen.

여러분들에게 약속합니다. 눈물로 밤을 지새워도 아침에는 즐거움이 온다고 성경에 있듯이, 우리는 함께 이겨낼 것입니다.

세계가 오늘 지켜보고 있습니다. 그러므로 우리의 국경 밖에 있는 사람들에게 제가 전하고 싶은 말은, 미국은 시험을 받았고 더 강력해졌다는 것입니다. 우리는 동맹관계를 회복하고 다시 한번 세계 문제에 나서겠습니다. 어제의 문제에 맞서는 것이 아니라 오늘과 내일의 문제에 대처하겠습니다. 우리는 우리 무력의 과시를 통해서가 아니라 우리의 모범이 갖는 힘을 통해서 세계를 이끌겠습니다. 우리는 평화, 진보와 안보에 있어 강력하고 신뢰받는 파트너가 되겠습니다.

우리나라는 너무 많은 것을 겪어왔습니다. 대통령으로서 제일 먼저 국민 여러분들에게 지난 한 해 동안 대유행 질병에 희생된 분들을 기억하기 위해 잠시 침묵의 기도에 함께 해달라고 요청합니다. 어머니와 아버지, 남편과 아내, 아들과 딸, 친구, 이웃, 그리고 동료였을 40만 명에 달하는 미국인들을 위해. 우리가 할 수 있고 우리가 이루어야만 하는 국민과 국가가 됨으로써 그들을 기리겠습니다. 생명을 잃는 이들을 위해, 뒤에 남겨진 이들을 위해 그리고 우리나라를 위해 침묵의 기도를 하겠습니다. 아멘.

word tip!

weep 울다, 눈물을 흘리다 cometh (고) 오다[움직이다] alliance 동맹, 연합 merely 한낱, 그저, 단지

This is a time of testing. We face an attack on democracy and on truth. A raging virus. Growing inequity. The sting of systemic racism. A climate in crisis. America's role in the world.

Any one of these would be enough to challenge us in **profound** ways. But the fact is we face them all at once, presenting this nation with the gravest of responsibilities. Now we must step up. All of us. It is a time for **boldness**, for there is so much to do. And, this is certain. We will be judged, you and I, for how we resolve the **cascading** crises of our era.

Will we rise to the occasion? Will we master this rare and difficult hour? Will we meet our **obligations** and pass along a new and better world for our children? I believe we must and I believe we will.

And when we do, we will write the next chapter in the American story. It's a story that might sound something like a song that means a lot to me. It's called "American **Anthem**" and there is one verse stands out for me: "The work and prayers of centuries have brought us to this day. What shall be our legacy? What will our children say?… Let me know in my heart When my days are through. America. America. I gave my best to you."

지금은 시험의 시간입니다. 우리는 민주주의와 진실에 대한 공격에 직면해있습니다. 맹렬한 바이러스. 증가하는 불평등. 제도적 인종차별의 아픔. 위기에 처한 기후. 세계에서 미국의 역할.

이들 중 어느 하나도 우리에게 도전이 되기에 충분합니다. 하지만 사실은, 우리나라에 엄청난 책임감을 부여하며, 이 모든 것들을 우리가 동시에 직면하고 있다는 것입니다. 이제 우리는 나서야 합니다. 우리 모두. 해야 할 것이 많기 때문에 이제는 대담해져야 할 때입니다. 이것은 분명합니다. 우리 시대의 연속하는 위기를 우리가, 여러분과 제가, 어떻게 해결하는지 심판받게 될 것입니다.

우리가 이 난국을 대처할 수 있을까요? 우리가 이 전례 없이 어려운 시간을 이겨낼까요? 우리의 의무를 다하고 우리 아이들을 위한 새롭고 더 좋은 미래로 나아갈 수 있을까요? 우리는 반드시 그렇다고 믿고, 우리는 그럴 것이라고 믿습니다.

우리가 이루게 되면, 우리는 미국 이야기에 새로운 장을 쓰게 될 것입니다. 이것이 저에게 큰 의미가 있는 노래와 같은 이야기가 될 것입니다. "미국 찬가"라고 하고 이런 구절이 제게 와닿습니다. "수백 년의 일과 기도가 우리를 오늘에 이르게 했네. 우리가 이룬 것은 무엇일까? 우리 아이들은 무어라 말할까? ... 내 생애가 끝나면 마음속으로 알게 하리라. 미국이여, 미국이여. 나의 최선을 다했네."

word tip!

profound 엄청난 boldness 대담, 뱃심 cascading 계속되는 obligation 의무 anthem 성가

Let us add our own work and prayers to the unfolding story of our nation.If we do this then when our days are through our children and our children's children will say of us they gave their best. They did their duty. They healed a broken land.

My fellow Americans, I close today where I began, with a sacred **oath**.

Before God and all of you I give you my word. I will always level with you. I will defend the Constitution. I will defend our democracy. I will defend America. I will give my all in your service thinking not of power, but of possibilities. Not of personal interest, but of the public good.

And together, we shall write an American story of hope, not fear. Of unity, not division. Of light, not darkness. An American story of **decency** and dignity. Of love and of healing. Of greatness and of goodness.

우리나라의 계속되는 이야기에 우리들 자신의 일과 기도를 더해봅시다. 우리가 이것을 해낸다면, 우리의 시대가 지난 다음 우리 아이들과 그 아이들의 아이들은 최선을 다했다고 말할 것입니다. 의무를 다했다고. 황폐한 나라를 치유했다고.

미국민 여러분, 오늘 제가 했던 신성한 선서로 마치겠습니다.

신과 국민 여러분 앞에서 약속합니다. 저는 항상 솔직하겠습니다. 저는 헌법을 수호하겠습니다. 저는 우리의 민주주의를 지키겠습니다. 저는 미국을 지키겠습니다. 저는 권력을 생각하지 않고 책임감을 생각하며 봉사에 모든 것을 다 하겠습니다. 개인적 이익이 아니라 공중의 선을 위해서.

그리고 함께, 두려움이 아닌 희망의 미국 이야기를 쓰겠습니다. 분열이 아닌 통합. 어둠이 아닌 빛. 품위와 존엄의 미국 이야기. 사랑과 치유의 미국 이야기. 위대함과 선함의 미국 이야기.

word tip!

oath 맹세, 서약, 선서 decency 체면, 품위

May this be the story that guides us. The story that inspires us. The story that tells ages yet to come that we answered the call of history. We met the moment. That democracy and hope, truth and justice, did not die on our watch but **thrived**. That our America secured liberty at home and stood once again as a beacon to the world.

That is what we owe our **forebearers**, one another, and generations to follow. So, with purpose and resolve we turn to the tasks of our time. **Sustained** by faith. Driven by conviction. And, devoted to one another and to this country we love with all our hearts.

May God bless America and may God protect our troops.

Thank you, America.

이것이 우리를 인도하는 이야기가 되길. 우리에게 힘을 북돋우는 이야기가 되길. 후대에 오는 이들에게 우리가 역사의 부름에 응답했다고 말하는 이야기가 되길. 우리가 그 순간을 보냈다고. 민주주의와 희망, 진실과 정의가 우리의 시대에 사라지지 않고 번성했던 순간을. 미국이 국내적으로는 자유를 보장하고 세계 속에서는 다시 한번 등불이 되었던 순간을.

그것은 우리가 우리의 선조들과 우리 자신과 그리고 우리의 후손들에 대한 의무입니다. 따라서, 목적과 결의를 가지고 우리 시대의 임무에 임하겠습니다. 신뢰의 뒷받침으로. 확신에 따라. 서로와 우리가 온 마음으로 사랑하는 조국에 헌신하며.

신의 가호가 있기를. 신이시여 우리 군대를 보호하소서.

감사합니다. 미국.

🔖 **word tip!**

thrive 번창하다. 잘 자라다 forebearers 전주자 sustain 계속[지속]시키다

Presidential Acceptance Speech

★   Good evening. Ella Baker, a giant of the civil rights movement, left us with this wisdom: Give people light and they will find a way.

Give people light.

Those are words for our time.

The current president has **cloaked** America in darkness for much too long. Too much anger. Too much fear. Too much division.

Here and now, I give you my word: If you **entrust** me with the presidency, I will draw on the best of us not the worst. I will be an ally of the light not of the darkness.

It's time for us, for We the People, to come together.

And make no mistake. United we can, and will, overcome this season of darkness in America. We will choose hope over fear, facts over fiction, fairness over **privilege**.

I am a proud Democrat and I will be proud to carry the banner of our party into the general election. So, it is with great honor and humility that I accept this **nomination** for President of the United States of America.

But while I will be a Democratic candidate, I will be an American president. I will work as hard for those who didn't support me as I will for those who did. That's the job of a president. To represent all of us, not just our base or our party. This is not a **partisan** moment. This must be an American moment.

대통령 후보 수락연설

안녕하세요! 위대한 민권운동가 엘라 베이커는 '사람들에게 등불을 주면 스스로 길을 찾을 것이다'라는 명언을 남겼습니다.

등불을 주어라.

우리 시대를 위한 조언입니다.

현재의 대통령은 미국을 너무 오랫동안 어둠 속에 가려놓았습니다. 너무나 큰 분노 속에. 너무나 큰 두려움 속에, 너무나 큰 분열 속에.

이제 여러분들에게 말합니다. 여러분이 제게 대통령의 직책을 맡기신다면, 우리의 최악이 아닌 최선을 그려내겠습니다. 저는 어둠이 아닌 빛과 동맹이 되겠습니다. 우리, 우리 국민들이 함께 해야 할 때가 되었습니다.

실수하지 마십시오. 미국은 이 어둠의 시기를 이겨낼 수 있고 이겨낼 것입니다. 우리는 두려움보다 희망을, 거짓보다 사실을, 특혜보다는 공평을 선택할 것입니다.

저는 자랑스러운 민주당원이고 선거에 우리 정당의 상징을 간직하는 것이 자랑스럽습니다. 따라서 미국의 대통령 후보 지명을 매우 영광스럽고 겸허하게 받아들입니다.

저는 민주당 후보이지만, 미국의 대통령이 되겠습니다. 저를 지지한 국민들을 위해서뿐 아니라 저를 지지하지 않은 국민들을 위해 열심히 일하겠습니다. 그것이 대통령의 직무입니다. 우리의 지지층이나 정당만을 대표하는 것이 아니라 우리 모두를 대표해야 합니다. 지금은 분열의 순간이 아닙니다. 지금은 미국인의 순간이 되어야 합니다.

> **word tip!**
>
> cloak ~을 (~에) 가리다 entrust (일을) 맡기다 landmark 주요 지형물
> privilege (특정 개인단체가 갖는) 특전. (사회 내의 부유층이 갖는) 특권
> nomination 지명, 추천, 임명 partisan 편파적인

It's a moment that calls for hope and light and love. Hope for our futures, light to see our way forward, and love for one another.

America isn't just a collection of clashing interests of **Red States or Blue States.**

We're so much bigger than that.

We're so much better than that.

Nearly a century ago, Franklin Roosevelt **pledged** a New Deal in a time of massive unemployment, uncertainty, and fear.

Stricken by disease, stricken by a virus, **FDR** insisted that he would recover and prevail and he believed America could as well.

And he did.

And so can we.

This campaign isn't just about winning votes.

It's about winning the heart, and yes, the soul of America.

Winning it for the **generous** among us, not the selfish. Winning it for the workers who keep this country going, not just the privileged few at the top. Winning it for those communities who have known the injustice of the "knee on the neck". For all the young people who have known only an America of rising inequity and **shrinking** opportunity.

They deserve to experience America's promise in full.

희망과 빛과 사랑을 요구하는 순간입니다. 우리의 미래에 대한 희망, 우리의 앞길을 볼 수 있는 빛, 그리고 서로에 대한 사랑이 필요한 순간입니다.

미국은 단지 공화당을 지지하는 주와 민주당을 지지하는 주의 이해가 충돌하는 집합체가 아닙니다.
우리는 그보다 훨씬 큽니다.
우리는 그보다 훨씬 훌륭합니다.

거의 40여 년 전, 프랭클린 루즈벨트 대통령은 대량 실업, 불확실성 그리고 두려움의 시기에 뉴딜을 약속했습니다.
질병에 걸린 상태에서, 바이러스에 감염된 상태에서, 루즈벨트 대통령은 자신은 질병으로부터 회복해 이겨낼 것이고 미국도 또한 그렇게 이겨낼 수 있을 것이라고 믿었습니다.
그는 질병에서 회복되었습니다.
그리고 미국도 또한 어려움을 극복했습니다.

이번 선거운동은 단지 표를 얻기 위한 것만이 아닙니다.
마음을, 미국의 정신을 얻기 위한 것입니다.
이기심이 아니라 우리들의 관대함을 위한 승리. 최상위 계층의 특혜 받은 소수를 위한 것이 아니라 우리나라가 전진할 수 있도록 일해온 노동자들을 위한 승리. "무릎으로 목누르기"의 부당함을 알고 있는 사회를 위한 승리. 불평등이 증가하고 기회가 축소되는 미국만을 알고 있는 젊은 세대를 위한 승리.
그들은 미국의 약속을 완전하게 경험해야 마땅합니다.

word tip!

Red States or Blue States 공화당 지지주 혹은 민주당 지지주 pledge (정식으로) 약속하다 FDR 프랭클린 델라노 루즈벨트 generous 너그러운 shrinking 축소의

No generation ever knows what history will ask of it. All we can ever know is whether we'll be ready when that moment arrives.

And now history has delivered us to one of the most difficult moments America has ever faced.

Four historic crises. All at the same time. A perfect storm.

The worst **pandemic** in over 100 years. The worst economic crisis since **the Great Depression**.

The most compelling call for racial justice since the 60's. And the undeniable realities and accelerating threats of climate change.

So, the question for us is simple: Are we ready?

I believe we are.

We must be.

All elections are important. But we know in our bones this one is more **consequential**.

America is at an **inflection point**. A time of real **peril**, but of extraordinary possibilities.

We can choose the path of becoming angrier, less hopeful, and more divided.

A path of shadow and suspicion.

Or we can choose a different path, and together, take this chance to heal, to be reborn, to unite. A path of hope and light.

어떤 세대도 역사가 무엇을 요구할지 알지 못합니다. 우리가 알고 있는 것은 그러한 순간이 되었을 때, 우리가 준비되었는지 여부입니다.

그리고 이제 역사상 미국이 직면해왔던 중 가장 어려운 순간 중 하나를 우리가 직면하게 되었습니다.

역사상 4개의 위기. 그 모두가 동시에. 초대형 폭풍입니다.

지난 100년간 최악의 전염병. 대 공황 이후 최악의 경제 위기.

1960년대 이래로 인종적 정의에 대한 가장 강력한 요구. 그리고 기후변화의 부인할 수 없는 현실과 가속화되는 위협.

따라서 우리에게 주어지는 질문은 단순합니다. 우리는 준비되었는가?

우리는 준비되었다고 믿습니다.

우리는 준비되어 있어야 합니다.

모든 선거가 중요합니다. 하지만, 우리는 이번 선거가 보다 더 중요하다는 것을 직감으로 알고 있습니다. 미국은 변곡점에 서있습니다. 진정한 위기의 순간이지만 또한 엄청난 가능성의 순간입니다. 우리는 보다 분노에 차고, 희망이 없으며 보다 분열된 길을 선택할 수 있습니다.

그늘과 의심의 길을 선택할 수 있습니다.

혹은 우리는 다른 길을 선택하여 함께 이번 기회를 치료하고 새롭게 다시 태어나며, 통합하기 위한 길이 되게 할 수 있습니다. 희망과 빛을 향한 길.

word tip!

pandemic 전국전 세계적인 유행병 the Great Depression 대공황
patriot 애국자 consequential 중대한 inflection point 변곡점
peril (심각한) 위험, 위험성, 유해함

This is a **life-changing** election that will determine America's future for a very long time.

Character is on the **ballot**. Compassion is on the ballot. **Decency**, science, democracy.

They are all on the ballot.

Who we are as a nation. What we stand for. And, most importantly, who we want to be.

That's all on the ballot.

And the choice could not be clearer.

No **rhetoric** is needed.

Just judge this president on the facts.

5 million Americans infected with COVID-19.

More than 170,000 Americans have died.

By far the worst performance of any nation on Earth.

More than 50 million people have filed for unemployment this year.

More than 10 million people are going to lose their health insurance this year.

Nearly one in 6 small businesses have closed this year.

If this president is re-elected we know what will happen.

Cases and deaths will remain far too high.

More mom and pop businesses will close their doors for good.

Working families will struggle to get by, and yet, the wealthiest one percent will get tens of billions of dollars in new **tax breaks**.

이것은 매우 오랫동안 미국의 미래를 결정하게 될 일생을 바꾸는 선거입니다.

특성이 선거에 달려있습니다. 동정하는 마음에 대한 선거입니다. 품위, 과학, 민주주의에 대한 선거입니다.

그들 모두는 선거에 달려있습니다.

국가로서 우리는 어떠한 존재인가? 우리는 무엇을 추구하는가? 가장 중요하게 우리는 어떤 존재가 되려 하는가?

그 모든 것이 선거에 달려있습니다.

그리고 선택은 이보다 더 분명할 수는 없습니다.

수식어가 필요 없습니다.

단지 지금의 대통령을 사실에 근거하여 판단해봅시다.

5백만 명의 미국인이 코로나바이러스감염증-19에 감염되었습니다.

17만 명 이상의 미국인이 사망했습니다.

지금까지 지구상에서 최악의 상황입니다.

올해 5천만 명 이상의 미국인이 실업급여를 신청했습니다.

올해 1천만 명 이상의 미국인이 건강보험 자격을 상실하게 됩니다.

올해 약 6개 중 1개의 소기업이 폐업했습니다.

이러한 대통령이 다시 선출된다면, 무슨 일이 일어날지 우리는 알고 있습니다. 확진자와 사망자는 여전히 매우 높은 상태를 유지할 것입니다. 보다 많은 가족단위 사업장이 영구히 폐업하게 될 것입니다. 노동자 가족은 생계를 유지하기가 힘들어지겠지만, 가장 부유한 1퍼센트는 새로운 세금 감면으로 수백억 달러를 벌게 될 것입니다

word tip!

life-changing 인생을 바꿀만한 ballot 무기명 투표 decency 체면, 품위
rhetoric 미사여구, 수사법 tax break 세금 우대 조치

And the **assault** on the Affordable Care Act will continue until its destroyed, taking insurance away from more than 20 million people -- including more than 15 million people on **Medicaid** -- and getting rid of the protections that President Obama and I passed for people who suffer from a pre-existing condition.

And speaking of President Obama, a man I was honored to serve **alongside** for 8 years as Vice President. Let me take this moment to say something we don't say nearly enough.

Thank you, Mr. President. You were a great president. A president our children could -- and did -- look up to.

No one will say that about the current **occupant** of the office.

What we know about this president is if he's given four more years he will be what he's been the last four years.

A president who takes no responsibility, refuses to lead, blames others, **cozies** up to dictators, and fans the flames of hate and division.

He will wake up every day believing the job is all about him. Never about you.

Is that the America you want for you, your family, your children?

적정부담 의료보험에 대한 공격은 파괴되어버릴 때까지 계속되어, 1500만 명 이상의 의료 보호 대상자를 포함하여 2천만 명 이상의 사람들에게서 보험 자격을 박탈하고, 기저질환으로 고통받고 있는 사람들을 위해 오바마 대통령과 제가 통과시켰던 보호를 받지 못하게 것입니다.

오바마 대통령에 대해 말하자면, 제가 8년간 부통령으로 함께 근무한 것을 영광으로 생각하는 분입니다. 이 자리를 빌려 우리가 충분히 하지 못했던 말을 해보겠습니다.

대통령님 감사합니다. 당신은 위대한 대통령이었습니다. 우리의 아이들이 존경할 수 있고, 존경했고, 지금도 존경하는 대통령입니다.

현직에 있는 사람에 대해서는 누구도 그렇게 말하지 않습니다.

이 대통령에 대해서 우리가 알고 있는 것은 그가 다시 4년의 임기를 맞게 된다면, 그는 지난 4년간 보여 왔던 모습을 보여줄 것이라는 것입니다.

책임을 지지 않고, 지도력을 보이지 않으며, 타인을 비방하고, 독재자들과 우의를 다지고, 증오와 분열에 부채질하는 대통령입니다.

그는 직무가 모두 자신을 위한 것이라고 생각하며 매일 아침 일어날 것입니다. 여러분을 위한 것이 결코 아닙니다.

이러한 것이 여러분, 여러분의 가족, 그리고 여러분의 아이들을 위해 미국이 하기 원하는 것입니까?

word tip!

assault 폭행(죄), (점거를 위한) 공격 Medicaid (미국에서) 저소득층 의료 보장 제도
alongside …옆에, 나란히, …와 함께; …와 동시에
occupant 사용자 cosy (cozy) 친밀한, 은밀한

I see a different America.
One that is generous and strong.
Selfless and **humble**.
It's an America we can **rebuild** together.

As president, the first step I will take will be to get control of the virus that's **ruined** so many lives.

Because I understand something this president doesn't.

We will never get our economy back on track, we will never get our kids safely back to school, we will never have our lives back, until we deal with this virus.

The **tragedy** of where we are today is it didn't have to be this bad.

Just look around.

It's not this bad in Canada. Or Europe. Or Japan. Or almost anywhere else in the world.

The President keeps telling us the virus is going to **disappear**. He keeps waiting for a miracle. Well, I have news for him, no miracle is coming.

저는 다른 미국을 생각합니다.

관대하고 강력한 미국.

이기적이지 않고 겸손한 미국.

우리가 함께 다시 세울 수 있는 미국입니다.

대통령이 되면, 제가 취하게 될 첫 조치는 수많은 생명을 빼앗아간 바이러스를 물리치기 위한 것이 될 것입니다.

저는 지금의 대통령이 이해하지 못하는 것을 이해하고 있기 때문입니다.

우리가 이 바이러스를 처리하지 못한다면, 우리의 경제가 제자리를 찾게 하지 못하고, 우리의 아이들이 학교로 안전하게 되돌아오게 하지 못하고 우리의 일상생활을 다시 누리지도 못할 것입니다.

오늘 우리가 처한 비극은 이렇게 악화시키지 않을 수도 있었다는 것입니다.

주변을 둘러보세요.

캐나다는 이렇게 악화되지 않았습니다. 유럽이나. 일본, 세계 거의 어느 곳도 이렇게 악화되지 않았습니다.

대통령은 우리에게 바이러스가 사라질 것이라고 말합니다. 그는 계속 기적이 일어나길 기다리고만 있습니다. 그에게 전할 소식이 있습니다. 기적은 없다는 것입니다.

word tip!

thumble 겸손한 rebuild (허물어진 삶 · 희망 등을) 새로 세우다

ruin (가치기쁨 등을) 망치다, 파산시키다; 폐허로 만들다 tragedy 비극(적인 사건)

disappear 사라지다, 보이지 않게 되다

We lead the world in confirmed cases. We lead the world in deaths.

Our economy is in **tatters**, with Black, Latino, Asian American, and Native American communities bearing the **brunt** of it.

And after all this time, the president still does not have a plan.

Well, I do.

If I'm president on day one we'll **implement** the national strategy I've been laying out since March.

We'll develop and **deploy** rapid tests with results available immediately.

We'll make the medical supplies and protective equipment our country needs. And we'll make them here in America. So we will never again be at the mercy of China and other foreign countries in order to protect our own people.

We'll make sure our schools have the resources they need to be open, safe, and effective.

We'll put the politics aside and take the **muzzle off** our experts so the public gets the information they need and deserve. The honest, unvarnished truth. They can deal with that.

We'll have a national mandate to wear a mask-not as a burden, but to protect each other.

It's a patriotic duty.

In short, I will do what we should have done from the very beginning.

우리나라는 확진자의 수에 있어서 세계 제일입니다. 우리는 사망자에 있어서 세계 제일입니다. 우리의 경제는 흔들리고 있고, 흑인, 라티노, 아시안, 그리고 미국 원주민 사회는 직격탄을 맞았습니다.

지금도, 현직의 대통령은 계획이 없습니다.

하지만 저는 계획이 있습니다

만약 대통령이 되면, 첫날 3월 이후 계속 제시했던 국가적 전략을 실행할 것입니다.

우리는 결과가 즉시 나오는 신속 검사법을 개발하고 시행할 것입니다.

우리나라가 필요로 하는 의료 보급품과 보호장비를 생산할 것입니다. 미국 내에서 생산하게 될 것입니다. 그렇게 함으로서 우리 국민을 보호하기 위해 다시는 중국이나 다른 나라의 도움에 의존하지 않게 할 것입니다.

우리의 학교가 다시 문을 열고 안전하며 효과적으로 운영하는 데 필요한 자원들을 갖추도록 하겠습니다.

정치는 미뤄두고, 대중들이 필요로 하고 알아야 하는 정보를 받을 수 있도록 전문가들에 대한 억압을 제거하겠습니다. 정직하고, 솔직한 진실. 전문가들이 그러한 진실을 처리할 것입니다.

우리는 마스크 착용을 전국적인 의무 착용을 시행할 것이며, 이는 억압이 아니라 서로를 보호하기 위한 것입니다.

이것은 애국적 의무입니다.

간단히 말해, 처음부터 시행했어야 하는 것들을 할 것입니다.

word tip!

tatter 낡은 옷, 누더기 brunt (공격 등의) 예봉 implement 시행하다
deploy 효율적으로 사용하다 muzzle off 입을 틀어막다

Our current president has failed in his most basic duty to this nation. He failed to protect us. He failed to protect America.

And, my fellow Americans, that is **unforgivable**.

As president, I will make you this promise: I will protect America. I will defend us from every attack. Seen. And **unseen**. Always. Without exception. Every time. Look, I understand it's hard to have hope right now.

On this summer night, let me take a moment to speak to those of you who have lost the most. I know how it feels to lose someone you love. I know that deep black hole that opens up in your chest. That you feel your whole being is sucked into it. I know how mean and **cruel** and unfair life can be sometimes.

But I've learned two things. First, your loved ones may have left this Earth but they never leave your heart. They will always be with you.

And second, I found the best way through pain and loss and grief is to find purpose. As God's children each of us have a purpose in our lives. And we have a great purpose as a nation: To open the doors of opportunity to all Americans. To save our democracy. To be a light to the world once again. To finally live up to and make real the words written in the sacred documents that founded this nation that all men and women are created equal. **Endowed** by their Creator with certain **unalienable** rights. Among them life, liberty, and the pursuit of happiness.

우리의 현직 대통령은 우리나라에 대한 그의 가장 기본적인 의무를 다하지 못하고 있습니다. 그는 우리를 지키지 못했습니다. 그는 미국을 지키지 못했습니다.

그리고 국민 여러분 이는 용서할 수 없는 일입니다.

대통령으로서, 저는 다음과 같은 약속을 여러분들과 하겠습니다. 저는 미국을 지키겠습니다. 저는 모든 공격으로부터 우리를 지키겠습니다. 보았던 것이든, 보지 못했던 것이든, 항상, 예외 없이, 언제나. 지금 현재 희망을 가진다는 것이 어렵다는 것을 알고 있습니다.

이 여름밤에 잠시 가장 많은 상실을 겪는 사람들에게 이야기를 하겠습니다.

여러분이 사랑하는 사람을 잃는다는 것이 어떤 느낌인지 알고 있습니다. 가슴에 뚫려있는 깊은 블랙홀을 알고 있습니다. 여러분의 전체가 그 속으로 빨려 들어가는 느낌을 알고 있습니다. 때로 삶이 얼마나 심술궂고, 잔인하며, 불공평할 수 있는지 알고 있습니다.

하지만 저는 2가지를 배웠습니다. 첫째로, 여러분이 사랑하는 사람은 이 지구를 떠나갔을지라도 여러분의 마음속에서 결코 떠나지 않습니다. 그들은 항상 여러분과 함께 있습니다.

그리고 두 번째로, 고통과 상실 그리고 슬픔을 이겨내는 가장 좋은 방법은 목적을 찾는 것이라는 것을 알게 되었습니다. 신의 자녀로서 우리 모두는 우리의 삶에 목적을 가지고 있습니다. 그리고 국가로서 우리는 위대한 목적을 가지고 있습니다. 모든 미국인들에게 기회의 문을 열어주는 것. 우리의 민주주의를 지키는 것. 다시 한번 세계의 등불이 되는 것.

모든 인간은 평등하게 창조되었다는 우리나라의 토대가 된 신성한 문서에 쓰인 말대로 살고 실현하는 것. 창조자에 의해 부여된 양도할 수 없는 권리들. 그중, 생명, 자유 그리고 행복의 추구가 있습니다.

word tip!
unforgivable 용서할 수 없는 unseen 눈에 보이지 않는, 이전에 못 본
cruel 잔혹한, 잔인한 endow 기부하다 unalienable 양도 불가능한

You know, my Dad was an honorable, **decent** man.

He got knocked down a few times pretty hard, but always got up.

He worked hard and built a great **middle-class** life for our family.

He used to say, "Joey, I don't expect the government to solve my problems, but I expect it to understand them."

And then he would say: "Joey, a job is about a lot more than a **paycheck**. It's about your dignity. It's about respect. It's about your place in your community. It's about looking your kids in the eye and say, honey, it's going to be okay."

I've never forgotten those lessons.

That's why my economic plan is all about jobs, dignity, respect, and community. Together, we can, and we will, rebuild our economy. And when we do, we'll not only build it back, we'll build it back better.

With modern roads, bridges, highways, **broadband**, ports and airports as a new foundation for economic growth. With pipes that transport clean water to every community. With 5 million new manufacturing and technology jobs so the future is made in America.

With a health care system that lowers premiums, **deductibles**, and drug prices by building on the Affordable Care Act he's trying to rip away.

저의 아버지는 존경할 만한 품위 있는 분이었습니다.

그는 몇 번 큰 좌절을 경험했지만, 항상 일어났습니다.

열심히 일하고 우리 가족을 위해 훌륭한 중산층의 삶을 이루었습니다.

그는 "조이야, 정부가 나의 문제를 해결할 거라고 기대하지 않지만, 정부가 내 문제들을 이해해 주길 기대한다" 라고 말씀 하셨습니다.

그리고 나서는 "조이야, 직업이란 급료 그보다 훨씬 더 중요한 것이란다. 그것은 너의 존엄성과 관련된 거야. 존경에 관한 것이지. 네가 속한 사회에서 너의 자리에 관한 것이야. 너의 아이들의 눈을 보며, '애야, 괜찮을 거야' 라고 말하는 것이지" 라고 말씀하셨습니다.

그러한 가르침을 잊은 적이 없습니다. 그것이 바로 저의 경제계획이 모두 직업, 존엄성, 존경, 그리고 공동체와 관련된 이유입니다. 함께 우리는 우리의 경제를 재건할 수 있고, 재건할 것입니다. 그리고 우리가 그렇게 할 때, 단지 재건하는 것이 아니라 더 좋게 세울 것입니다.

경제성장을 위한 새로운 기반 시설로 현대화된 도로, 교량, 고속도로, 광대역통신망, 항구와 공항들을 갖추고. 모든 지역으로 깨끗한 물을 공급하는 수도 시설을 갖춘. 5백만 개의 새로운 제조업과 기술직 일자리로 인해, 미국의 미래가 만들어집니다.

트럼프 대통령이 없애려 애쓰고 있는, 적정부담 의료보험을 기초로, 보험료, 자기부담금과 약 값을 낮추는 건강보험 시스템을 갖추고.

word tip!

decent 품위 있는, 예의 바른 middle-class 중산층의 paycheck 급료 (지불 수표)
broadband 고속 데이터 통신망 déductible 공제할 수 있는

With an education system that trains our people for the best jobs of the 21st century, where cost doesn't prevent young people from going to college, and student debt doesn't crush them when they get out.

With child care and elder care that make it possible for parents to go to work and for the elderly to stay in their homes with dignity. With an **immigration** system that powers our economy and reflects our values. With newly empowered labor unions. With equal pay for women. With rising wages you can raise a family on. Yes, we're going to do more than praise our essential workers. We're finally going to pay them.

We can, and we will, deal with climate change. It's not only a crisis, it's an **enormous** opportunity. An opportunity for America to lead the world in clean energy and create millions of new **good-paying** jobs in the process.

And we can pay for these investments by ending **loopholes** and the president's $1.3 trillion tax **giveaway** to the wealthiest 1 percent and the biggest, most profitable corporations, some of which pay no tax at all.

교육비로 인해 젊은이들이 대학을 가지 못하게 막지 않으며, 졸업 후 학자금 대출금의 고통을 받지 않게 되는, 21세기 최고의 직업을 위해 우리 국민들을 훈련시키는 교육제도를 갖추고.

부모가 나가 일할 수 있고 노인은 존엄을 유지한 채로 가정에 머물 수 있는 아동보호와 노인보호 제도를 갖추고. 우리의 경제에 동력이 되고, 우리의 가치를 반영하는 이민제도를 갖추고. 새롭게 권한을 갖춘 노동조합. 여성에 대한 동등한 임금. 가족을 부양할 수 있는 인상된 급료. 우리는 필수적인 노동자들에 대한 칭찬 이외에 더 많은 것을 할 것입니다. 우리는 그들에게 급료를 지급할 것입니다.

우리는 기후변화에 대처할 수 있고, 대처할 것입니다. 이것은 단지 위기가 아니라 엄청난 기회이기도 합니다. 미국이 청정에너지 분야에서 세계를 선도할 기회이고 그 과정에서 수많은 새로운 고소득의 일자리를 만들 수 있는 기회입니다.

우리는 조세의 허점과, 일부는 전혀 세금을 내지 않는, 최고 부자 1퍼센트와 초 대기업, 최대 이윤 기업에 대한 대통령의 1조 3천억 달러의 조세감면을 중지함으로써 이러한 투자비용을 마련할 수 있습니다.

word tip!

immigration 이주: 이민자 수 enormous 막대한, 거대한 good-paying 보수가 좋은
loophole (법률·계약서 등의 허술한) 구멍 giveaway 공짜나 다름없는

Because we don't need a tax code that rewards wealth more than it rewards work. I'm not looking to punish anyone. Far from it. But it's long past time the wealthiest people and the biggest corporations in this country paid their fair share.

For our seniors, Social Security is a sacred **obligation**, a sacred promise made. The current president is threatening to break that promise. He's proposing to **eliminate** the tax that pays for almost half of Social Security without any way of making up for that lost revenue.

I will not let it happen. If I'm your president, we're going to protect Social Security and Medicare. You have my word.

One of the most powerful voices we hear in the country today is from our young people. They're speaking to the **inequity** and injustice that has grown up in America. Economic injustice. Racial injustice. Environmental injustice.

I hear their voices and if you listen, you can hear them too. And whether it's the **existential** threat posed by climate change, the daily fear of being gunned down in school, or the **inability** to get started in their first job — it will be the work of the next president to restore the promise of America to everyone.

노동보다 부에 더 많은 보상을 하는 조세규정은 필요하지 않기 때문입니다. 누군가를 징벌하려고 하는 것이 아닙니다. 그것과는 거리가 멉니다. 최고의 부자들과 초대 기업들은 우리나라에서 공정한 몫을 오랫동안 지불하지 않고 있습니다.

우리의 선배들에게, 사회보장제도는 신성한 의무이고 신성한 약속입니다. 현재의 대통령은 그 약속을 깨겠다고 위협하고 있습니다. 그는 벌충할 어떠한 방안도 없이 사회보장제도의 거의 절반에 달하는 비용을 부담하고 있는 세금을 없애자고 제안했습니다.

이러한 일이 일어나게 하지 않을 것입니다. 제가 대통령이라면, 사회보장제도와 의료보호제도를 지키겠습니다. 제 말을 믿으세요.

오늘날 우리나라에서 들을 수 있는 가장 강력한 주장은 우리의 젊은이들로부터 나옵니다. 그들은 미국에서 늘어가고 있는 불평등과 부당함에 대해 이야기합니다. 경제적 불공평. 인종적 부당함. 환경적 불공평.

저는 그들의 목소리를 듣습니다. 만약 여러분이 귀를 기울인다면, 여러분도 그 목소리를 들을 수 있습니다. 기후변화에 의한 생존에 대한 위협이든, 학교에서 총격을 당할 일상적 두려움이든, 혹은 장애인들이 첫 직업을 갖는 것이든, 미국의 약속을 모든 사람들에게 되살리는 것이 다음 대통령의 임무가 될 것입니다.

word tip!

obligation (법적 · 도의적) 의무(가 있음) eliminate 없애다, 제거하다
inequity 불공평 existential (인간의) 존재에 관한 inability 무능, 불능

I won't have to do it alone. Because I will have a great Vice President at my side. Senator Kamala Harris. She is a powerful voice for this nation. Her story is the American story. She knows about all the **obstacles** thrown in the way of so many in our country. Women, Black women, Black Americans, South Asian Americans, immigrants, the left-out and **left-behind**.

But she's overcome every obstacle she's ever faced. No one's been tougher on the big banks or the gun lobby. No one's been tougher in calling out this current administration for its **extremism**, its failure to follow the law, and its failure to simply tell the truth.

Kamala and I both draw strength from our families. For Kamala, it's Doug and their families.
For me, it's Jill and ours.

No man deserves one great love in his life. But I've known two. After losing my first wife in a car accident, Jill came into my life and put our family back together.

She's an educator. A mom. A military Mom. And an **unstoppable** force. If she puts her mind to it, just get out of the way. Because she's going to get it done. She was a great Second Lady and she will make a great First Lady for this nation, she loves this country so much.

저는 혼자서 그러한 일을 하지 않을 것입니다. 제 옆에는 훌륭한 부통령이 있기 때문입니다. 상원 의원 카멀라 해리스. 그녀는 우리나라를 위해 강력한 목소리를 내고 있습니다. 그녀의 이야기는 미국의 이야기입니다. 그녀는 우리나라에서 수많은 방식으로 드리워진 장애를 모두 알고 있습니다. 여성, 흑인 여성, 흑인, 남아시아 출신 미국인, 이민자, 소외계층과 방치된 사람들.

그녀는 자신이 직면했던 모든 장애를 극복했습니다. 누구도 거대 은행이나 총기 로비에 대해 그녀보다 더 강력하지 못했습니다. 정부의 극단주의, 법률을 지키지 않는 것, 진실을 말하지 않는 것을 현재의 정부에 더 강력하게 몰아붙인 사람은 아무도 없습니다.

카멀라 와 저는 우리의 가족으로부터 힘을 얻고 있습니다. 카멀라는 더글러스와 가족들. 저는 질과 가족들.

어떤 사람도 일생에서 한 번의 위대한 사랑을 받기가 쉽지 않습니다. 하지만 저는 두 번을 경험했습니다. 자동차 사고로 첫 부인을 잃고, 질이 저의 삶에 들어왔고 우리의 가족을 다시 이루었습니다.

그녀는 교육자입니다. 어머니입니다. 군인의 어머니입니다. 지칠 줄 모르는 힘입니다. 그녀가 마음을 두면, 해내고야 맙니다. 그녀는 그것을 해내고야 말 것이기 때문입니다. 그녀는 훌륭한 부통령의 영부인이었고 우리나라의 훌륭한 퍼스트레이디가 될 것입니다. 그녀는 우리나라를 매우 사랑합니다.

word tip!

obstacles 장애물 left-behind 뒤떨어진 extremism 극단주의, 극단론 unstoppable 막을 수 없는

And I will have the strength that can only come from family. Hunter, Ashley and all our grandchildren, my brothers, my sister. They give me courage and lift me up.

And while he is no longer with us, Beau **inspires** me every day.

Beau served our nation in uniform. A decorated Iraq war veteran.

So I take very personally the **profound** responsibility of serving as Commander in Chief.

I will be a president who will stand with our allies and friends. I will make it clear to our **adversaries** the days of cozying up to dictators are over.

Under President Biden, America will not turn a blind eye to Russian **bounties** on the heads of American soldiers. Nor will I put up with foreign interference in our most sacred democratic exercise -- voting.

I will stand always for our values of human rights and dignity. And I will work in common purpose for a more secure, peaceful, and prosperous world.

History has thrust one more urgent task on us. Will we be the generation that finally wipes the stain of **racism** from our national character?

I believe we're up to it.

I believe we're ready.

저는 가족들만이 줄 수 힘을 갖게 될 것입니다. 헌터, 애슐리와 손주 모두, 형제들과 여동생. 그들이 제게 용기를 주고 저를 일으켜 세워줍니다.

더 이상 우리 곁에 없지만, 보는 항상 나를 응원해 줍니다.

보는 군 복무를 했습니다. 훈장을 받은 이라크전 참전용사입니다.

따라서 저는 개인적으로 군 통수권자로 복무하는 데 깊은 책임감을 갖게 되었습니다.

저는 우리의 동맹국과 우방국들과 함께하는 대통령이 되겠습니다. 독재자들과의 밀회의 시기가 끝났다는 것을 적들에게 분명히 밝히겠습니다.

바이든 대통령의 지도하에서, 미국은 미국 군인들을 공격하도록 러시아가 부추기는 것을 눈감아주지 않을 것입니다. 또한 우리의 신성한 민주적 절차 - 선거 -에 외국의 간섭을 묵과하지 않겠습니다.

항상 인간 권리와 존엄성에 대한 우리의 가치를 위해 싸우겠습니다. 보다 안전하고, 평화로우며 번영된 세계를 위한 공동의 목표를 가지고 일하겠습니다.

역사는 우리에게 한 가지 더 시급한 책무를 제시했습니다. 우리나라의 특성에서 인종차별의 얼룩을 마침내 닦아낼 수 있는 세대가 될 수 있을까요?

우리는 능력이 있다고 믿습니다.

우리는 준비가 되어있다고 믿습니다.

word tip!

inspirer 영감을 주다 profound 엄청난 adversary (adversaries) 상대방
bounty (bounties) 너그러움; 풍부함 racism 인종 차별(주의); (폭력적인) 인종 차별 행위

Just a week ago yesterday was the third anniversary of the events in Charlottesville.

Remember seeing those neo-Nazis and **Klansmen** and white **supremacists** coming out of the fields with lighted torches? Veins bulging? **Spewing** the same anti-Semitic bile heard across Europe in the '30s?

Remember the violent clash that ensued between those spreading hate and those with the courage to stand against it?

Remember what the president said?

There were quote, "very fine people on both sides."

It was a wake-up call for us as a country.

And for me, a call to action. At that moment, I knew I'd have to run. My father taught us that silence was **complicity**. And I could not remain silent or complicit.

At the time, I said we were in a battle for the soul of this nation.

And we are.

One of the most important conversations I've had this entire campaign is with someone who is too young to vote.

I met with six-year old Gianna Floyd, a day before her Daddy George Floyd was laid to rest.

She is incredibly brave.

I'll never forget.

지난주는 샤롯데빌 사건 발생 3주기였습니다. 불타는 횃불을 들고 나온 신-나치주의자들과 KKK단원들, 그리고 백인 우월주의자들을 보았던 것을 기억하시나요? 매우 긴장되셨나요? 1930년대 유럽 전역에서 울려 퍼지던 반유대주의의 분노를 토해내던 것을 기억하시나요?

　증오를 확산하는 사람들과 그에 맞서는 용기를 가진 사람들 사이에서 발생한 폭력적 충돌을 기억하시나요?

　대통령이 했던 말을 기억하시나요?

　"양측 모두 매우 선량한 사람들"이라고 했습니다.

　그것은 국가로서 우리에게 일어나라는 신호였습니다.

　저에게는, 행동하라는 신호였습니다. 순간, 출마해야 한다는 것을 알았습니다. 아버지께서는 침묵은 공범이 되는 것이라고 가르치셨습니다. 저는 침묵을 지키거나 공범이 될 수 없었습니다.

　그때, 저는 우리나라의 정신을 위한 싸움에 참여한다고 말했습니다.

　그리고 현재 우리도 그 싸움에 참여하고 있습니다.

　이번 선거 유세 중 가장 중요한 대화 중 하나는 너무 어려서 투표할 수 없는 사람과의 대화입니다.

　6세의 지아나 플로이드를, 그녀의 아빠인 조지 플로이드가 안장되기 바로 전날, 만났습니다.

　그녀는 믿을 수 없을 만큼 용감했습니다.

　결코 잊을 수가 없습니다.

word tip!
Klansman (Klansmen) KKK의 회원　supremacist 지상주의자　spew 분출하다　complicity (범행) 공모

When I leaned down to speak with her, she looked into my eyes and said "Daddy, changed the world."

Her words **burrowed** deep into my heart.

Maybe George Floyd's murder was the breaking point.

Maybe John Lewis' passing the inspiration.

However it has come to be, America is ready to in John's words, to lay down "the heavy burdens of hate at last" and to do the hard work of rooting out our **systemic** racism.

America's history tells us that it has been in our darkest moments that we've made our greatest progress. That we've found the light. And in this dark moment, I believe we are **poised** to make great progress again. That we can find the light once more.

I have always believed you can **define** America in one word: Possibilities.

That in America, everyone, and I mean everyone, should be given the opportunity to go as far as their dreams and God-given ability will take them.

We can never lose that. In times as challenging as these, I believe there is only one way forward. As a united America. United in our pursuit of a more perfect Union. United in our dreams of a better future for us and for our children. United in our **determination** to make the coming years bright.

그녀와 이야기하기 위해 몸을 숙였을 때, 그녀는 저의 눈을 보며 "아빠가 세상을 바꿨어요"라고 말했습니다.

그녀의 말 한마디 한마디가 가슴속으로 파고들었습니다.

아마도 조지 플로이드의 살해는 한계점이었을 것입니다.

아마도 존 루이스의 사망은 자극제가 되었을 것입니다.

계속되고는 있지만, 미국은 존의 말처럼 "마침내 증오의 무거운 짐을" 내려놓을 준비가 되어있고 제도적 인종차별주의를 뿌리 뽑기 위해 열심히 노력할 준비가 되었습니다.

미국의 역사는 우리가 가장 위대한 진전을 이룬 것은 우리의 가장 암울한 시기였다는 것을 말하고 있습니다. 우리가 빛을 찾아냈습니다. 이 어두운 순간에, 우리는 다시 한번 위대한 전진을 이루기 위해 자세를 잡고 있습니다. 우리는 한 번 더 등불을 발견할 수 있을 것입니다.

여러분은 가능성이라는 단 한 단어로 미국을 정의할 수 있다고 항상 믿고 있습니다.

미국에서는 누구나 자신의 꿈과 신이 부여한 능력이 허락하는 한 나아갈 수 있는 가능성이 주어집니다.

우리는 결코 그것을 포기할 수 없습니다. 요즘과 같은 시련의 시기에, 앞으로 나아가는 오직 하나의 길이 있다고 믿습니다. 단결된 미국으로 보다 완벽한 연합을 이루기 위한 우리의 노력을 통합하는 것입니다. 우리와 우리의 아이들을 위해 보다 좋은 미래에 대한 꿈을 통합하는 것입니다. 새해는 더 밝게 만들겠다는 우리의 의지를 통합하는 것입니다.

word tip!
burrow 굴을 파다 systemic 제도적인 poise 태세를 취하다 define 정의하다 determination 투지

Are we ready?

I believe we are.

This is a great nation.

And we are a good and decent people.

This is the United States of America.

And there has never been anything we've been unable to **accomplish** when we've done it together.

The Irish poet Seamus Heaney once wrote:

"History says,

Don't hope on this side of the grave,

But then, once in a lifetime

The **longed-for** tidal wave

Of justice can rise up,

And hope and history **rhyme**"

This is our moment to make hope and history rhyme.

With passion and purpose, let us begin -- you and I together, one nation, under God -- united in our love for America and united in our love for each other.

여러분 준비되셨나요?

우리는 준비되었다고 믿습니다.

우리나라는 위대한 나라입니다.

우리는 훌륭하고 품위 있는 국민입니다.

여기가 미국입니다.

우리가 힘을 모아서 이루지 못한 것이 하나도 없었습니다.

아일랜드의 시인인 셰이머스 히니는 이렇게 쓴 적이 있습니다

　"역사는 말한다,

무덤의 이편에서 희망을 갖지 말라

하지만 일생에 한번

오래 고대한 정의의

파도가 일어나고

희망과 역사가 운을 맞춘다"

이제 희망과 역사가 운을 맞추게 할 순간입니다.

　열정과 목적을 가지고 여러분들과 제가 함께 신의 보살핌 아래 하나의 국가를 시작합시다. 미국에 대한 우리의 사랑을 모아서, 서로에 대한 사랑을 모아서.

word tip!
accomplish 완수하다 longed-for 간절히 기다리던 rhyme 운(음조가 비슷한 글자)

For love is more powerful than hate.

Hope is more powerful than fear.

Light is more powerful than dark.

This is our moment.

This is our **mission**.

May history be able to say that the end of this chapter of American darkness began here tonight as love and hope and light **joined** in the battle for the soul of the nation.

And this is a battle that we, together, will win.

I promise you.

Thank you.

And may God bless you.

And may God protect our troops.

사랑이 증오보다 더 강력하기 때문입니다.

희망이 두려움보다 더 강력하기 때문입니다.

빛이 어둠보다 더 강력하기 때문입니다.

지금이 우리의 시간입니다.

이것이 우리의 사명입니다.

미국 암흑기의 종말은 국가의 정신을 위한 싸움에 사랑과 희망과 빛이 함께하면서 오늘 밤 이 곳에서 시작되었다고 역사가 말할 수 있기를.

그리고 이것은 우리가 함께 승리하게 될 싸움입니다.

여러분들께 약속합니다.

감사합니다.

신의 은총이 있기를.

신이여 우리 군대를 지켜주소서.

word tip!

mission 임무(특히 외국으로 파견되는 사람에게 맡겨지는 것) join (하나가 되도록) 합쳐지다

Plan to Combat COVID-19

Good afternoon. My fellow Americans, last night, we saw the President of the United States, lie to the American people and repeatedly lie about the state of this pandemic. We saw him refuse to take responsibility for the crisis that should have been met with real presidential leadership. Instead it has cost hundreds of thousands of Americans lives and pushed millions into **poverty**. We saw him **diminish** the pain felt by so many Americans. President Trump said, "We're rounding the corner. It's going away. We're learning to live with it." There are quotes, but as I told them last night, We're not learning to live with it, we're learning to die with it." This is a dark winter ahead. Already more than 220,000 people in the United States of America have lost their lives to this virus. 220,000 empty chairs at dinner tables all across this country. My heart goes out to every single person who's had to endure the **agony** of saying goodbye to someone they loved and **adored** over a video chat, who couldn't gather their closest friends, even their close family, to grieve together at a funeral mass or a funeral service.

And worse yet, a new study from Columbia University suggests that anywhere between 130,000 and 210,000 of those deaths were avoidable. A leading medical journal in America, quite frankly in the world, wrote an **unprecedented** editorial. To the best of my knowledge, they've never written anything like this.

코로나바이러스감염증-19 대처 계획

안녕하세요! 국민 여러분 우리는 어젯밤, 미국의 대통령이 미국민들에게 거짓말 하는 것을, 이 대 유행병의 상황에 대해 반복해서 거짓말하는 것을 보았습니다. 진정한 대통령 의 지도력으로 대처했어야만 하지만, 위기에 대처하지 못한 책임을 지지 않으려는 모습을 보 였습니다. 대신 수십만의 미국인들이 목숨을 잃고 수백만의 사람들이 빈곤에 내몰렸습니다. 그렇게 많은 미국인들이 느끼고 있는 고통을 줄이려 하는 모습을 보았습니다. 트럼프 대통령 은 "우리는 고비를 넘기고 있습니다. 질병이 사라질 것입니다. 질병과 함께 살아가는 것을 학 습하고 있습니다"라고 말했습니다. 어젯밤 제가 말했듯이, "질병과 함께 살아가는 것을 학 습하는 것이 아니라 우리는 질병으로 죽어가는 것을 배우고 있는 중입니다." 이제 어두운 겨 울을 앞두고 있습니다. 이미 미국에서 22만 명 이상의 사람들이 이 바이러스로 인해 목숨을 잃 었습니다. 우리나라 전역의 저녁식사 자리에 22만 개의 빈 의자가 생긴 것입니다. 비디오 대화 를 통해서 사랑하고 아끼는 사람들에게 작별 인사를 해야만 하는 고통을 견디어야만 하는 사 람들, 장례미사나 장례식에 함께 애도하기 위해 가장 가까운 친구나 심지어는 가장 가까운 가 족도 모일 수 없는 사람들, 한 분 한 분에게 마음 깊은 위로를 드립니다

하지만 더 나쁜 것은 캠브리지 대학의 최신 연구는 미국 사망자 중 13만에서 21만 명 정도 는 피할 수 있었다고 주장했습니다. 미국의 최고의 의학잡지는 전례 없는 논설을 게재했습니 다. 제가 아는 한, 이와 같은 글을 올린 적은 없었습니다.

---

word tip!

poverty 가난, 빈곤 diminish 줄어들다, 약해지다; 줄이다, 약화시키다 agony 극도의 (육체적 · 정신적) 고통
adore 흠모[사모]하다 unprecedented 전례 없는, 미증유의

They criticized President Trump's quote, "Dangerously incompetent", response. And stated that he quote, "Took a crisis and turned it into a tragedy." COVID-19 **dwarfs** anything we faced in recent history. And it isn't showing any signs of slowing down. The virus is **surging** in almost every state. We passed 4.8 million cases. And when Trump was asked this week, what he'd do differently to get the pandemic response right from the start. His answer was and I quote, "Not much, not much." As many as 210,000 avoidable deaths, but there's not much he would do differently. The United States is 4% of the entire world's population. Yet we make up 20% of all the deaths worldwide. If this is a success, what's a failure look like?

We're more than eight months into this crisis, and the president still doesn't have a plan. He's given up, he's quit on you. He's quit on your family. He's quit on America. He just wants us to grow **numb** and resign to the horrors of this death toll and the pain it's causing so many Americans. But he can't erase his own words or deeds. In February, he knew just how dangerous this virus was. He told Bob Woodward in a taped interview, "This disease was deadly, far worse than the **flu**." But instead of telling us how bad it was going to be, according to the New York times, his administration only gave Wall Street investors a head up heads up. And they made a **bundle** doing something called selling short, or betting against the market. So Wall Street knew what was coming, while the rest of us took the full brunt of it. In June, when we began to see the resurgence of COVID-19, I called out President Trump for wavering and waving the white flag of surrender to the virus.

트럼프 대통령의 주장을 "위험스럽게 무능력한" 대응이라고 비판했습니다. 그리고 트럼프 대통령의 말을 빌려, "위기에 빠졌고 비극이 되었다"라고 말했습니다. 코로나바이러스감염증-19는 근래 역사상 우리가 겪었던 모든 것을 하찮은 것이 되게 했습니다. 완화되고 있는 징후는 없습니다. 바이러스는 거의 모든 주에서 급상승하고 있습니다. 우리는 확진 사례가 4백8십만을 넘었습니다. 트럼프 대통령이 이번 주에 '발생 초기부터 대 유행병 대응을 어떻게 달리할 수 있었을 거라고 생각하느냐?'는 질문을 받았습니다. 그의 답은 "별 차이 없어요, 별 차이 없어"였습니다. 210만 명의 피할 수 있는 죽음인데, 달리 할 수 있었을 것이 별로 없었다. 미국은 전 세계 인구의 4%입니다. 하지만 전 세계 사망자의 거의 20%를 차지합니다. 이것이 성공이라면, 실패는 어떤 것일까요?

우리는 8개월 이상을 이 위기 속에 있는데, 대통령은 여전히 계획이 없습니다. 그는 항복하고 여러분을 포기한 것입니다. 여러분의 가족을 포기한 것입니다. 그는 미국을 포기한 것입니다. 그는 단지 우리가 무감각해져서 사망자 숫자로 인한 공포와 질병이 야기한 고통에 굴복하길 원합니다. 하지만 그는 자신의 말과 행동을 지울 수는 없습니다. 2월에 그는 이 바이러스가 얼마나 위험한지 알고 있었습니다. 녹화된 인터뷰에서 밥 우드워드에게 "이 질병은 무시무시합니다. 독감보다 훨씬 심합니다"라고 말했습니다. 이 질병이 얼마나 심각해질 수 있는지 우리들에게 말하는 대신에, 뉴욕타임스에 따르면, 그의 정권은 오직 월스트리트 투자자들에게 주의하라는 정보를 주었습니다. 그리고 그들은 공매도라고 하는 것을 하거나 시장과 반대로 도박을 했습니다. 그래서 나머지 우리들은 질병의 모든 짐을 져야 했지만, 월스트리트는 무슨 일이 일어날 것인지 알고 있었습니다. 6월에 코로나바이러스감염증-19의 재유행이 관측되기 시작했을 때, 저는 트럼프 대통령에게 우왕좌왕하고 바이러스에 항복의 깃발을 흔들지 말라고 소리 높였습니다.

word tip!

dwarf (정상 크기보다) 소형(으로 만들다) surge 밀려들다 numb 감각이 없는
flu 독감 bundle 꾸러미 묶음 보따리

But then, it was as if he decided to go on offense for the virus, holding rallies with no masks, no social distancing, where people contracted the virus. Inviting the virus into the White House, hosting what Dr. Fauci called super **spreader** event. **Endangering** more people's lives by telling the public, "Don't worry, don't worry about the disease. Don't let it dominate you." How many people from Kristin and Arizona will end up suffering because their loved one listened to the President? Kristin said her dad voted for Trump, listened to him, believed him that the virus wasn't a big deal. Then her dad became infected and died. Kristin said that her dad's only preexisting condition… This is her quote. "The only **preexisting** issue was trusting Donald Trump." Even after contracting the virus himself, Donald Trump still, still refuses to promote universal mask wearing, which could have saved nearly 100,000 lives and could still save over 100,000 lives in the next few months.

The longer Donald Trump is president, the more **reckless** he gets. We don't have to be held prisoner by this administration's failures. We can choose a different path. We can do what Americans have always done, come together and meet the challenge with **grit**, compassion, and determination. And today I'm going to tell you exactly what I plan to do if I have the honor of being elected your next president.

하지만, 그때, 마스크 없이 집회를 개최하고, 거리두기를 하지도 않고, 그곳에서 사람들은 바이러스에 감염되었으며, 그는 바이러스를 대신한 공격을 계속하기로 마음먹은 것처럼 보였습니다. 바이러스를 백악관으로 불러들여, 파우치 박사가 슈퍼 전파 행사라고 불렀던 행사를 개최했습니다. "걱정하지 마세요, 걱정하지 마세요, 질병은 걱정하지 마세요, 질병이 당신을 지배하게 두지 마세요"라고 사람들에게 말함으로써 보다 많은 사람들의 생명을 위태롭게 했습니다. 크리스틴과 애리조나에서 온 얼마나 많은 사람들은 그들이 사랑하는 사람이 대통령의 말을 들었기 때문에 결국은 고통받게 되었을까요? 크리스틴은 아버지가 트럼프를 찍었고, 그의 말을 따르고, 바이러스가 대단한 것이 아니라는 그의 말을 믿었다고 말했습니다. 그리고 감염이 되었고 결국 사망했습니다. 크리스틴은 아버지의 유일한 기저질환은 "기저 문제는 오직 도날드 트럼프를 믿었다"는 것이라고 말했습니다. 자신이 바이러스에 감염된 후에도, 도날드 트럼프는 여전히 대대적인 마스크 착용을 권장하는 것을 거부했었는데, 마스크 책용은 거의 10만 명의 목숨을 구할 수 있었으며, 이후 몇 달 동안 10만 명 이상을 구할 수도 있습니다.

도날드 트럼프가 대통령직에 오래 있을수록, 그는 더 무모해집니다, 이 정권의 실패의 포로가 되어야 할 필요가 없습니다. 우리는 다른 길을 선택할 수 있습니다. 우리는 미국인들이 항상 해왔던 것을 할 수 있습니다. 즉, 용기, 동정심 그리고 결의를 가지고 함께 도전에 맞설 수 있습니다. 오늘 여러분에게 제가 다음 대통령으로 선출되는 영광을 갖게 된다면, 제가 가지고 있는 계획에 대해 말씀드리겠습니다.

word tip!

spreader 뿌리는 장치[기계] endanger 위험에 빠뜨리다, 위태롭게 만들다 preexisting 기존의
reckless 무모한, 신중하지 못한 grit 모래, 아주 작은 돌

I'll immediately put in place a national strategy that will position our country to finally get ahead of this virus and get back our lives. I'll reach out to every governor in every state, red and blue, as well as mayors and local officials during transition, to find out what support they need and how much of it they need. I'll ask the new Congress to put a bill on my desk by the end of January, with all the resources necessary to see how both our public health and our economic response can be seen through the end, what is needed.

First, I'll go to every governor, urge them **mandate** mask wearing in their states. And if they refuse, I'll go to the **mayors** and county executives and get local masking requirements in place nationwide. As president I'll mandate **masquerade** in all federal buildings and all interstate transportation. Because masks save lives, period. Just look what happened in Arizona. The Republican Governor initially tried to bar local governments from **implementing** mandates on their communities. What happened? In June, Arizona got hit with a surge of cases. Hospitals were flooded. The State Health System was overwhelmed. So cities and counties appealed to the Governor's ruling. They imposed their own local mandates covering most of the state. The result? Cases fell by 75%. Wearing a mask is not a political statement. It's a scientific imperative. It's a point of patriotic pride, so we can pull our country out of this **godawful** spiral we're in. And it's a testament to the values we were taught by our families and by our faiths, love thy neighbor as thyself.

저는 즉시 우리나라가 결국은 바이러스를 제압하고 우리의 일상을 되돌려놓을 수 있는 국가전략을 실행하겠습니다. 권력 이양 기간 동안 시장과 지역 관리들뿐 아니라 정당에 상관없이 모든 주지사들에게 연락하여 어떤 지원이 얼마나 필요한지 알아보도록 하겠습니다. 새로운 의회에 1월 말까지 우리의 공공 의료와 우리의 경제 대응이 어떤지, 필요한 것이 무엇인지 알아보는 데 필요한 모든 자원을 포함한 법안을 제출하도록 요청하겠습니다.

먼저, 모든 주지사들에게 모든 주에서 마스크 착용을 의무화하라고 요청할 것입니다. 만약 거절하면, 시장과 카운티의 책임자에게 지역의 마스크 착용의 의무화를 요청하여 전국적인 것이 되도록 하겠습니다. 대통령으로서 모든 연방 건물과 모든 주와 주를 연결하는 운송수단에서 의무적인 마스크 착용을 실시하겠습니다. 마스크가 생명을 구하기 때문입니다. 애리조나 주에서 일어났던 일을 보세요. 공화당 소속 주지사는 처음에 지역의 마스크 착용의 의무화를 금지하려 했습니다. 어떻게 되었지요? 6월에 확진자의 수가 급증했습니다. 병원에 환자가 물밀듯 밀려들었습니다. 주의 의료체계가 마비되었습니다. 도시와 카운티들이 주지사의 결정에 항소했습니다. 주의 대부분 지역들이 마스크 착용을 의무화했습니다. 결과는? 확진자의 수가 75%나 줄었습니다. 마스크 착용은 정치적 주장이 아닙니다. 과학적인 필수 요구 사항입니다. 애국적인 자긍심의 방편이고 지금 우리가 빠져있는 이 끔찍한 수렁에서 우리나라를 다시 구해낼 수 있습니다. '네 이웃을 네 몸같이 사랑하라'는 우리의 가족과 믿음이 가르쳐준 가치의 증거입니다.

word tip!
mandate 명령하다 mayor 시장 masquerade 가장 무도회 implement 도구[기구] godawful 지독한

Second, I'll put a national testing plan in place, with a goal of testing as many people each day as we're currently testing each week. A seven fold increase. There's a key difference in this campaign between Donald Trump and me, I believe in testing, Donald Trump does not. I believe in science. I believe in public health officials. I believe in the example of other countries, which prove that **widespread** testing is needed to regain the health of our nation, to **reopen** safely, and critically, to stay open. Every school, every worker, every American should have easy access to regular, reliable, free testing. To achieve this, we need to increase both lab based **diagnostic** testing, where the results back within 24 hours or less, and faster, cheaper screening tests that you can take right at home or in school.

Look, we have right now isn't anywhere near good enough. States are still improvising on the fly. School districts are still mostly on their own. And many Americans still don't know when it's important to get a test or how. This isn't beyond our capacity to master. Not if we're directing a **coordinated** effort across government and the private sector, instead of leaving chaos to reign. We'll manufacture the lab supplies needed to make sure we have enough tests. And we'll tap more of our nation's lab capacity, so you can get your test results more quickly. We'll build a national core of contact **tracers** to work closely with trusted organizations in these communities that are most at risk.

두 번째, 전국적 검사 계획을 수립하여 현재의 주간 검사 건수만큼 매일 검사하는 것을 목표로 하겠습니다. 7배 증가하는 것입니다. 이번 선거운동에서 도널드 트럼프와 제가 가장 다른 점은, 저는 검사를 신뢰하지만, 도널드 트럼프는 믿지 않습니다. 저는 과학을 믿습니다. 저는 공공의료종사자들을 믿습니다. 우리나라의 건강을 되찾고, 안전하게 다시 개방하여 유지하는 데 광범위한 검사가 필요하다는 것을 입증한, 다른 나라들의 예를 믿습니다. 모든 학교, 모든 노동자들, 모든 미국인들이 정기적으로 신뢰할 수 있는 무료 검사를 쉽게 받을 수 있어야 합니다. 이를 이루기 위해서, 24시간 이내에 결과가 나오는 실험실 진단 검사와 집이나 학교에서 바로 받을 수 있는 더 빠르고 더 저렴한 선별검사 두 가지 모두 늘려야 합니다.

우리는 지금 현재 그 어느 것도 충분하지 않습니다. 여전히 주들은 임기응변식으로 하고 있습니다. 아직도 학교교육당국은 대부분 자체적으로 하고 있습니다. 많은 미국인들은 언제 어떤 검사를 받는 것이 중요한지 여전히 알지 못하고 있습니다. 이것은 우리의 능력으로 불가능한 것이 아닙니다. 혼돈을 수습하고, 정부와 민간부문을 포괄하는 공동의 노력을 이끌어낸다면, 불가능한 것이 아닙니다. 우리가 충분히 검사받을 수 있을 만큼 실험실 자재를 생산할 것입니다. 우리나라의 실험 수행능력을 더 늘려서 보다 빨리 검사 결과를 받을 수 있도록 하겠습니다. 신뢰할 수 있는 기관을 설립하여, 가장 위험한 지역사회에서, 전국적으로 접촉자 추적을 하도록 하겠습니다.

word tip!
widespread 광범위한 reopen 재개하다 diagnostic 진단의 coordinated 공동 작용할 수 있는 tracer 추적자

We'll also take steps to ensure that no one has to choose between getting a test and putting food on the table. And that no one, no one is scared that being tested for COVID might **jeopardize** their immigration status. The only way we'll defeat this virus is if we defeat it everywhere.

Third point I'd like to make is, we'll close the personal protective equipment, that PPE gap, and get the gear outwards needed. Every healthcare worker will have a reliable supply of properly fitted N95 mask. It's unconscionable. There are more than eight months into this crisis, and **frontline** healthcare workers are still **rationing** their personal protective equipment. As president I'll use the full power of the Defense Production Act to drive the manufacturing of personal protective equipment, masks, gloves, gowns, and more, and ensure that it's distributed equitably. Look, we won't stop until the nation's supply exceeds the demand and our stockpile is **replenished**, especially in hearted areas and in communities that are disproportionally impacted by the virus. I will appoint a fully **empowered** supply commander, who's in charge of filling in the gaps, who'll make sure we can manufacture critical supplies right here at home, so we're not dependent on other countries in this crisis.

검사를 받느냐 혹은 검사받지 않고 실직을 하지 않느냐를 선택하는 사람이 없도록 보장하겠습니다. 코로나바이러스감염증 검사를 받는 것이 이민자 자격을 위태롭게 할 수 있다는 우려를 하지 않도록 하겠습니다. 이 바이러스를 물리치는 유일한 방법은 모든 곳에서 몰아내는 것입니다.

　제가 취할 3번째는, 개인 보호장비 (PPE) 부족을 해소하겠습니다. 필요하면 외국에서 장비를 구하겠습니다. 모든 의료종사자들은 적정한 N95 마스크를 안정적으로 공급받을 것입니다. 이 위기에 처한 지 8개월이 넘었는데, 최전선에 있는 의료인들이 여전히 개인보호장비를 배급받고 있다는 것은 말도 안 됩니다. 대통령으로서, 저는 국방물자 생산법의 모든 권한을 이용하여 개인 보호장비, 마스크, 장갑, 가운 등의 생산을 추진하고 공평하게 분배되도록 하겠습니다. 국가의 공급이 수요를 훨씬 초과하고, 특히 오지나 바이러스의 피해가 유난히 심한 지역에, 물품의 재고가 채워지고 있을 때까지 중단하지 않을 것입니다. 충분한 권한을 가진 공급 책임자를 임명하여 이러한 격차를 채우는 것을 책임지고 국내에서 중요 보급품을 생산할 수 있도록 하여, 이런 위기에 외국에 의존하지 않도록 만들겠습니다.

Fourth, we'll provide consistent, reliable, trusted, detailed, nationwide guidance, and technical support for reopening safely, and the resources to make it happen. We need a single source of **guidance** that we can trust, where we know the information won't change by for any reason, other than the science that guides it. Not political **expediency**, not public image. It won't be easy as to open or close. Social distancing isn't an on or off thing. And we're learning more every day about the virus and how it spreads. We need to be able to adapt and adjust our behavior to responsibly respond **appropriately**. But schools and businesses can't make responsible decisions if they don't have the information, the science. It's not just more detail effective guidance they need. It's consultations and technical support, so people have a place to turn with their questions. It's having a government that's in your corner, not a government that's turned it's back on you.

And once we get our **federal** state and local governments working together, once those universal masking, enough PPE and testing to go around, science backed guidance to help us make the right decision, then we can get our kids back to school safely, our businesses growing and our economy running again without wasting another minute. As I said last night, I'm not going to shut down the economy. I'm not going to shut down the country. I'm going to shut down the virus.

네 번째, 안전하게 다시 문을 여는 데 필요한, 일관성 있고, 믿을 수 있고, 상세한 전국적인 지침과 기술 지원, 필요한 자원을 제공하겠습니다. 우리가 신뢰할 수 있는 지침은 과학 이외의 어떠한 이유로도 변경할 수 없는 정보를 담고 있어야 합니다. 정치적 편의, 대중의 이미지와도 상관없습니다. 개방과 폐쇄하는 것이 쉽지 않을 것입니다. 사회적 거리두기는 선택의 문제가 아닙니다. 우리는 매일 바이러스와 바이러스의 확산에 대해 더 많은 것을 알아가고 있습니다. 우리는 책임감 있고 적절하게 대응하기 위해 우리의 행동을 상황에 맞게 바꾸고 적응할 수 있어야 합니다. 그러나 학교와 기업은 정보, 과학이 없이는 적합한 결정을 내릴 수가 없습니다. 필요한 것은 보다 상세하고 효과적인 지침만이 아닙니다. 상담과 기술 지원이고 사람들은 질문에 답해줄 곳이 필요합니다. 국민들 가까이에 정부가 있어야 하는 것이지, 국민들에게 등을 돌리는 정부가 아닙니다.

　연방정부와 지방정부가 함께 일하고, 전체적인 마스크 착용, 충분한 개인보호장비, 검사가 이루어지고, 올바른 결정을 내리는 데 과학을 토대로 지침이 마련되면, 안전하게 우리의 아이들을 학교로 다시 보내고, 기업들이 성장하고 우리 경제가 단 한순간의 시간도 낭비하지 않고 다시 돌아가게 할 수 있습니다. 어젯밤에 말씀드린 바와 같이, 경제활동을 폐쇄하지 않을 것입니다. 국가의 문을 닫지 않을 것입니다. 바이러스를 폐쇄하겠습니다.

word tip!
guidance 지도[안내] expediency 편의 appropriately 적당하게, 알맞게 federal 연방 정부의

And finally, we focus on developing safe and effective **treatments** and distributing a safe and effective vaccine. President Trump claims he found a cure. Well, let me tell you. Yet we have 1000 people dying each day. More than 40,000 people are in hospitals right now, battling the virus. Lifesaving **therapies** shouldn't be just available to the wealthy and the well connected. We need to make sure they're available to everybody, available and affordable.

It's also possible we could learn any day that one of these vaccines currently in trial is showing itself to be effective. That will be a wonderful day for our people and people around the world, everywhere. Whether it comes next week or in the next two months. But it will still be many months before any vaccine is widely available. And we need a president who will take responsibility for making sure it gets to every single person in this country, in a way that's **equitable** and accountable. We need a president who in the meantime is doing his job to protect the American people. Once we have a safe and effective vaccine, it has to be free to everyone, whether or not you're insured. Let me say that again. The vaccine must be free and freely available to everyone. Is this just not one more reason why it's so **despicable** that Donald Trump is fighting in the middle of a pandemic, to get the U.S Supreme Court to strike down the entire Affordable Care Act, which I worked so **damn** hard to get the votes for.

끝으로, 안전하고 효과적인 치료법의 개발과 안전하고 효과적인 백신의 공급에 힘을 모으겠습니다. 트럼프 대통령은 치료법을 발견했다고 주장합니다. 여러분께 말씀드립니다. 우리는 아직도 하루에 100명씩 사망하고 있습니다. 지금 현재 4만 명의 사람들이 입원해서 바이러스와 싸우고 있습니다. 생명을 구해줄 치료법이 부유하고 연줄 좋은 사람들에게만 유용해서는 안 됩니다. 모든 사람들이 이용할 수 있고, 가격이 저렴하게 해야 합니다.

　현재 시험 중인 이러한 백신 중 한 가지가 효과 있다고 밝혀지는 날이 올 수 있습니다. 이는 우리 국민들, 전 세계의 모든 사람들에 매우 좋은 소식이 될 것입니다. 다음 주에 나올 수도 있고, 2달 후에 나올 수도 있습니다. 하지만 백신이 널리 이용되기까지는 여러 달이 걸릴 것입니다. 우리는 공평하고 믿을 수 있는 방식으로 우리나라의 모든 사람들이 백신을 구할 수 있게 해줄 책임을 떠맡는 대통령이 필요합니다. 그러면서, 미국 국민을 지켜주는 일을 하는 대통령이 필요합니다. 안전하고 효과적인 백신이 나오면, 보험 가입 여부와 상관없이 무료로 제공되어야 합니다. 다시 말씀드립니다. 백신은 누구나 무료로 자유롭게 구할 수 있어야 합니다. 제가 통과를 위해 그렇게 열심히 노력했던, 적정부담 건강보험법(ACA) 전체를 철폐하기 위해, 이 대 유행병의 와중에, 도널드 트럼프가 미 연방대법원에 소송을 한다는 것이 매우 비열한 이유가 이것 말고도 또 있습니다.

word tip!
treatment 치료　therapy 요법　equitable 공정한, 공평한　despicable 비열한　damn 빌어먹을, 우라질

Plan to Combat COVID-19 **81**

Under the ACA, **insurers** are required to cover recommended vaccines for free. So overturning the ACA would mean people have to pay to get the COVID-19 vaccine. That's wrong, very, very wrong. Unlike Donald Trump, I believe healthcare isn't a privilege, I think it's a right. That's why as president I'll protect and build on the ACA by adding a public option that will compete with private plans to expand **coverage** and lower healthcare costs across the board. I'll bring down drug prices by allowing Medicare to negotiate with **pharmaceutical** companies. I'll make sure Americans have insurance. Those with insurance have access to free COVID-19 vaccine. And I'll direct the Federal Government to bulk purchase as many doses as are necessary of the COVID-19 vaccine, so we can provide it free to those who are uninsured, underinsured, or Medicaid **eligible**. Throughout all of this, throughout all of this, yes, Mr. President, I'll listen to the scientist and I'll empower them.

I know how much President Trump has damaged faith in our **institutions**, in our leaders, in Government itself. We have to rebuild the trust between the public and it's public servants. It's one of the most difficult task we'll face in the coming years. But if I'm elected president, I'll always give it to you, as FDR said, "Straight from the shoulder." I'll deliver on my promises. I'll listen to the American people, no matter what their politics. I'll let the doctors and the scientists speak freely, so you can make the best decision possible for yourself and for your family.

ACA에 따르면, 보험사는 권장 백신을 무료로 제공해야 합니다. 따라서 ACA가 파기되면 사람들이 코로나바이러스감염증-19 백신을 접종하기 위해서는 비용을 부담해야 합니다. 그것은 잘못된 것입니다. 매우 잘못된 것입니다. 도널드 트럼프와 달리, 저는 건강보험은 특권이 아니고 그것이 권리라고 믿고 있습니다. 그로 인해 저는 대통령으로서 ACA를 지키고 보장의 범위를 확대하고 전반적으로 건강보험 비용을 낮추기 위해 민간 보험과 경쟁하게 될 공공선택안을 추가하겠습니다. 공공의료보험이 제약회사와 가격 협상을 허용하여, 약 값을 낮추겠습니다. 미국민들이 보험에 가입되게 하겠습니다. 보험이 있으면, 무료 코로나바이러스감염증-19 백신을 접종할 수 있습니다. 저는 연방정부가 코로나바이러스감염증-19 백신을 필요한 만큼 대량 구매하게 지시하여, 보험에 가입되어 있지 않거나, 보장범위 적거나 공적 의료보험 대상인 사람들에게 무료로 제공하겠습니다. 이 모든 과정을 통해 과학자들의 의견을 듣고 그들에게 권한을 줄 것입니다.

저는 트럼프 대통령이 우리의 제도, 우리의 지도자들, 정부에 대한 믿음을 얼마나 손상시켰는지 알고 있습니다. 우리는 국민들과 공무원들 사이의 신뢰를 다시 세워야 합니다. 이것은 우리가 앞으로 몇 년간 직면하게 될 가장 힘든 문제 중 하나입니다. 대통령으로 선출된다면, 프랭클린 루즈벨트 대통령이 말했듯이 "솔직하게" 여러분들에게 말씀드리겠습니다. 저는 공약을 이행하겠습니다. 정치적 견해가 어떻던, 국민 여러분의 의견에 귀를 기울이겠습니다. 의사와 과학자들이 자유롭게 말을 할 수 있게 하여, 여러분 자신과 가족을 위해 최선의 결정을 내릴 수 있게 하겠습니다.

word tip!

insurer 보험업자[회사] coverage 범위 pharmaceutical 약학의, 제약의
eligible …을 가질[할] 수 있는 institution 제도[관습]

And I won't let four years of Donald Trump rob us of most fundamental American qualities, our hope in the future and our faith in ourselves. We can beat this virus. We're not too divided to achieve big things. We're America. We can do this. We've never failed when we worked together. Imagine, imagine a true nationally coordinated plan where we spare no expense, so our schools have the resources needed to reopen with full health and safety **protocols** in place.

Imagine every small business getting a restart package that helps cover the cost of installing **plexiglass**, providing PPE and more, to minimize the risk of exposure for customers and workers. Imagine our older Americans and people with disabilities having the peace of mind that comes with trusting that the public health system is working for them. Imagine, instead of staying locked up in their rooms, they're able to hug their grandchildren or other those who they love and haven't been able to see. Imagine if you're a member of a community that has been hit **particularly** hard, black, Latino, Asian Americans, or Native Americans. Imagine a public health and economic response that treats your needs as a priority, not as an **afterthought**. Imagine a day in the not too distant future, when you could enjoy dinner with your friends and your family, maybe even go out to a movie. When you can celebrate your birthday, weddings, graduations, surrounded by your nearest and dearest friends. That's the Biden-Harris agenda to beat COVID-19.

저는 또다시 4년간 도널드 트럼프가 가장 근본적인 미국의 특성, 미래에 대한 우리의 믿음과 우리 자신에 대한 믿음을 빼앗아 가도록 용인하지 않겠습니다. 우리는 이 바이러스를 물리칠 수 있습니다. 우리는 큰일을 하지 못할 만큼 분열되어 있지 않습니다. 우리는 미국입니다. 우리는 할 수 있습니다. 우리가 함께 힘을 합치면, 결코 실패한 적이 없습니다. 우리의 비용을 아끼지 않고 진정으로 전국적 협력을 하는 계획을 상상해보세요. 우리 학교가 충분한 건강과 안전 규정을 제대로 갖추고 다시 문을 여는 데 필요한 자원을 갖게 될 것입니다.

고객과 노동자들의 노출 위험을 최소화하기 위해 가림용 아크릴 판 설치, 개인보호장비 제공 등의 비용을 지원하는 재가동 패키지를 받는 소기업들을 상상해보세요. 나이 든 미국인들과 장애가 있는 미국인들이 공적 의료보험이 자신들을 위해서 일하고 있다는 믿음으로 인해 심리적 평안을 누리는 것을 상상해보세요. 방에 갇혀있는 대신, 볼 수 없었던 사랑하는 손주나 다른 사람들을 안아볼 수 있는 사람들을 상상해 보세요. 여러분이 특히 충격이 컸던 지역에 사는 사람들, 흑인, 라티노, 아시아계, 혹은 아메리카 원주민이라고 상상해보세요. 여러분의 요구를 추가가 아닌 우선시하는 건강 및 경제적 대응을 생각해 보세요. 그리 멀지 않은 미래의 어느 날, 친구와 가족들과 저녁을 함께하고 혹은 극장에 가는 날을 상상해보세요. 생일, 결혼, 졸업을 축하며, 가장 가까이 지내고 소중한 친구들에 둘러싸여 있는 날을 상상해 보세요. 그것은 바로 코로나바이러스감염증-19를 물리치는 바이든-해리스의 실천 과제입니다.

word tip!

protocol 규약 plexiglass 특수 아크릴 수지 particularly 특별히 afterthought 나중에 생각핸[덧붙인] 것

It's going to take all of us working together. And that's not **hyperbole**. All of us working together. Watching out for one another. We're all still going to have to wear a mask, a practical social **distancing** a while longer. It's going to be hard, but if we follow the science and keep faith with one another, I promise you we'll get through this and come out the other side much faster than the rate we're going now. Look, you all know this, the American people have always given their best to this country in times of crisis. And this time isn't any different. I'm not joking when I say this, I think every day about the brave doctors and nurses and hospital workers, police officers, firefighters, EMTs, and other first responders who not **figuratively**, but literally are putting their lives on the line day in and day out to care for people. I think of the essential workers who carried the rest of us on their shoulders through these many months. The grocery store clerks, the delivery clerks, the drivers.

The folks on the assembly line, the meat packers, and so many more. People too often **overlooked**, too often overlooked, under compensated. They've given the best to their country when we needed them the most. Think of the small businesses who moved heaven and earth to try to take care of their employees and keep their businesses open. And sadly, of all those who couldn't because they didn't get the help they were promised. I think in the parents juggling working from home with the added demands of **overseeing** their child's educations.

이것은 우리 모두가 함께 일하는 것이 필요할 것입니다. 그것은 과장이 아닙니다. 우리 모두 함께 일합니다. 서로를 바라봅니다. 우리는 모두 한동안 마스크를 착용하고, 사회적 거리두기를 해야 할 것입니다. 어려운 일이 될 것이지만, 우리가 과학을 따르고 서로를 신뢰한다면, 우리는 지금보다 훨씬 빨리 이 고비를 지나 다른 쪽으로 나오게 될 것이라고 약속합니다. 미국인들은 항상 위기의 순간에 국가에 최선을 다해왔습니다. 이번에도 크게 다르지 않습니다. 용감한 의사들, 간호사들, 병원 근무자들과 경찰관과 소방관들을 매일 생각한다는 말은 농담이 아닙니다. 구급의료사들과 다른 초기 대응팀은 비유적이 아니라 말 그대로 다른 사람을 돌보기 위해 날마다 목숨을 걸고 있습니다. 지난 몇 달간 자신들의 어깨 위에 우리를 지탱하고 있는 필수적 인력을 생각합니다. 식료품점 직원, 배달 직원, 운전기사들.

조립라인에서 일하는 사람들, 육류 포장 담당자들, 그리고 많은 사람들. 너무 자주 과소평가되고, 제대로 보상을 받지 못합니다. 그들을 가장 필요로 할 때 국가에 최선을 다합니다. 직원들을 책임지고 사업을 운영하기 위해 열심히 일하는 소 기업주를 생각해 보세요. 유감스럽게도 약속했던 도움을 받지 못해서 운영할 수 없었던 기업주들을 생각해 보세요. 아이들의 교육을 감독하는 부가적 요구를 짊어지고 재택근무로 애쓰고 있는 부모들을 생각해 봅니다.

word tip!
hyperbole 과장법 distancing 거리 두기 figuratively 비유적으로, 상징적으로
overlook 못 보고 넘어가다, 간과하다 overseeing 감독

I think about the educators who are spending hours learning how to teach online. They're doing what they always do, giving above and beyond for their students. I think of the families and the communities who've stepped up, **donating** to charities, doing grocery runs for older relatives and neighbors, finding new ways to connect and support one another. That's the America we know. That's the United States of America. That's who we are.

And like John F. Kennedy, when he committed to take us to the moon, he said, "I refuse to **postpone** the possibilities that exist for this country." I refuse to postpone. I refuse to postpone the American purpose that'll not only lead our country back, but lead the entire world. There's no challenge. There's no challenge We cannot meet. No enemy we're unable to face. No threat we can't **conquer**. We stand together united, bound by our common resolve, determination, and values. Folks, together we can **harness** the unlimited **potential** of the American people, not just to get back where we were before this virus hit us, but to get back better. I promise you. And you know it in your heart we can do this. We must do this and we will do it together. You know we can do it. This is the United States of America.

May God bless you all. And may God protect our frontline workers and all those who have lost a loved one. Thank you and keep the faith.

온라인 수업하는 방법을 배우느라 시간을 보내는 교사들을 생각합니다. 그들은 항상 하던 것이 외에, 학생들에 그 이상의 것을 주고 있습니다. 자선단체에 기부하고, 고령의 친척들과 이웃을 위해 식료품을 사다 주고, 서로를 연결하고 지원하는 새로운 방법을 찾는 가족들과 지역사회를 생각합니다. 그것이 미국입니다. 그것이 바로 우리입니다.

우리를 달에 데려가겠다고 약속했을 때, 존 F 케네디가 말한 것처럼, "우리나라를 위해 존재하는 가능성을 뒤로 미루지 않겠습니다." 저도 미루지 않겠습니다. 우리나라를 예전으로 되돌릴뿐만 아니라 전 세계를 이끌어나간다는 미국인의 목표를 뒤로 미루지 않겠습니다. 곤경이란 없습니다. 우리가 맞서지 못할 도전이란 없습니다. 우리가 상대하지 못할 적은 없습니다. 우리가 이겨내지 못할 위험이란 없습니다. 나란히 연대해서, 공동의 결의, 결심과 가치로 하나 되어 우리는 서있습니다. 이 바이러스가 우리를 공격하기 이전이 아니라 더 좋은 상태로 되돌리기 위해 우리는 미국인의 무한한 잠재력을 함께 갖출 수 있습니다. 약속합니다. 우리는 이것을 해낼 수 있다는 것을 여러분은 마음으로 알고 있습니다. 우리는 힘을 합쳐 함께 이것을 해낼 것입니다. 우리가 할 수 있다는 것을 여러분은 알고 있습니다. 이것이 미국입니다.

신의 은총이 함께하길. 우리의 최전선에 있는 노동자들과 우리의 곁을 떠난 사랑하는 이들을 지켜주소서. 감사합니다. 믿음을 지키세요.

word tip!
donate 기증하다 postpone 미루다 conquer 정복하다 harness 마구로 연결하다 potential 잠재적인

After Electoral College Vote

★
★
★
★
★
★   Good evening, my fellow Americans. Over the past few weeks, officials in each state, commonwealth, and district, without regard to party or political preference have certified their winning candidate. Today, the members of the Electoral College representing the certified winner, cast their votes for President and Vice President of the United States in an act just as old as our nation itself. And once again in America, the rule of law, our Constitution and the will of the people **prevailed**. Our democracy, pushed, tested, threatened, proved to be **resilient**, true and strong. The Electoral College votes which occurred today effect the fact that even in the face of a public health crisis unlike anything we've experienced in our lifetime, the people voted. They voted in record numbers. More Americans voted this year than have ever voted in the history of the United States of America.

   Over 155 million Americans were determined to have their voices heard and their votes counted. In the start of this pandemic, this crisis, many were wondering how many Americans would actually vote at all. But those fears **proved** to be unfounded. We saw something very few predicted, even thought possible, the biggest voter **turnout** in the history of the United States of America, a number so big that this election now ranks as the clearest demonstration of the true will of the American people, one of the most amazing demonstrations of **civic** duty we've ever seen in our country.

선거인단 투표후에...

안녕하세요! 미국민 여러분. 지난 몇 주 동안, 각주, 지역의 공무원들은, 정당이나 정치 성향에 관계없이, 선출된 후보자를 인증해오고 왔습니다. 오늘, 인증된 선거인단의 구성원들은 우리나라만큼이나 오래된 행위인 대통령과 부통령을 선출하는 투표를 했습니다. 미국에서 다시 한번 법령, 헌법과 우리 국민들의 의지가 승리를 거두었습니다. 억압되고 시험되고 위협받던 우리의 민주주의는 회복력이 있고, 진실하며 강인하다는 것을 입증했습니다. 오늘 이루어진 선거인단 투표는, 일생에 경험할 것 같지 않은 공중보건의 위기 속에서, 국민들이 투표했다는 것에 효력을 발휘하게 했습니다. 기록적인 수의 국민들이 투표했습니다. 미국 역사에서 그 어느 때보다 올해 미국인들이 많이 투표했습니다.

1억 5천5백만 명 이상의 미국인들이 자신들의 목소리를 내고 그들의 표가 효과를 발휘하게 했습니다. 이번 대 유행병의 초기에, 많은 사람들은 결국 얼마나 많은 미국인들이 선거에 나올 것인지 궁금해했습니다. 하지만 그러한 두려움은 근거 없는 것으로 판명되었습니다. 가능성이 있지만, 거의 예상하지 못했던 일을 목격했고, 미국 역사상 가장 많은 유권자가 참여했고, 그 숫자가 너무 많아서 이번 선거는 미국민의 진정한 의지의 가장 명확한 표출이고, 우리나라 역사상 본 적이 없는 시민 의무의 가장 놀라운 표현 중 하나라고 여겨집니다.

word tip!
prevail 이기다 resilient 회복력 있는 prove 입증하다 turnout 모습을 드러내다 civic 시민의

It should be celebrated, not attacked. More than 81 million of those votes were casts for me and Vice President-elect Harris. That too is a record. More than any ticket has received in the history of America. It represents a winning margin of more than seven million votes over the number of votes cast for my **opponent**. Together, the Vice President-elect Harris and I earned 306 electoral votes, well **exceeding** the 270 electoral votes needed to secure victory. 306 electoral votes is the same number of electoral votes that Donald Trump and Vice President Pence received when they won in 2016, excuse me. At the time, President Trump calls the Electoral College **tally** a **landslide**. By his own standards. These numbers represented a clear victory then, and I respectfully suggest they do so now. If anyone didn't know before, they know now. What beats deep in the hearts of the American people is this, democracy, the right to be heard, to have your vote counted, to choose leaders of this nation, to govern ourselves.

In America, politicians don't take power, people grant power to them. The flame of democracy was lit in this nation a long time ago. And we now know nothing, not even a pandemic or an abuse of power can extinguish that flame. And as the people kept it a flame, so too did **courageous** state and local officials, and election workers.

이는 공격의 대상이 아니라 축하할 일입니다. 그러한 투표의 8천1백만 표 이상이 저와 부통령 당선인 해리스의 득표였습니다. 그것 역시 기록적인 것입니다. 미국 역사상 그 어떤 득표보다 더 많은 것입니다. 이는 저의 경쟁자의 득표에 비해 7백만 표 이상 더 많은 득표를 했다는 것을 나타냅니다. 또한 부통령 당선인 해리스와 저는 306명의 선거인단 표를 얻어 안정적인 승리의 기준인 270표를 훨씬 초과하는 득표를 했습니다. 306표의 선거인단 득표는 2016년에 승리했을 때, 도널드 트럼프와 펜스 부통령이 획득한 선거인단 표와 정확히 같은 수입니다. 그때, 트럼프 대통령은 그러한 선거인단 수를 압도적 승리라고 했습니다. 자신의 기준에 따른 것입니다. 이 숫자는 당시 명확한 승리를 나타냈고 지금도 그렇다고 주장합니다. 이전에 알지 못했다며, 지금 알게 될 것입니다. 미국인의 가슴속에서 깊은 반향을 울리는 것은 민주주의, 표현의 권리, 투표를 유효한 것이 되게 하는 것, 우리나라의 지도자를 선택하는 것, 우리 자신을 통치하는 것입니다.

미국에서는 정치인이 권력을 갖는 것이 아니라, 국민이 그들에게 힘을 부여하는 것입니다. 민주주의의 불꽃은 아주 오래전 우리나라에서 불타오르기 시작했습니다. 그리고 대 유행병이나 권력의 남용조차 그 불꽃을 꺼버리지 못한다는 것을 알게 되었습니다. 국민들이 민주주의의 불꽃을 지키는 것과 마찬가지로, 용기 있는 주와 지역 공무원과 선거종사자들 역시 그 불꽃을 지켰습니다.

word tip!

opponent 반대자 exceeding 엄청난 tally 기록 landslide 압도적인 득표 courageous 용감한

American democracy works because America makes it work at a local level. One of the extraordinary things we saw this year was that every day Americans, our friends and our neighbors, often volunteers, Democrats, Republicans, Independents, demonstrating absolute courage, they showed a deep and **unwavering** faith in and a commitment to the law. They did their duty in the face of the pandemic. And then they could not and would not give **credence** to what they knew was not true. They knew this election was overseen, was overseen by them. It was honest, it was free and it was fair.

They saw it with their own eyes and they wouldn't be bullied into saying anything different. It was truly remarkable because so many of these patriotic Americans are subject to so much, enormous political pressure, **verbal** abuse, and even threats of physical violence. While we all wish that our fellow Americans in these positions will always show such courage and commitment to free and fair elections, it is my sincere hope we never again see anyone subjected to the kind of threats and abuse we saw in this election. It's simply unconscionable. We owe these public servants a debt of gratitude. They didn't seek the spotlight, and our democracy survived because of them, which is proof once more that it's everyday America and **infused** with honor, character and **decency** that is the heart of this nation.

미국은 민주주의가 지역단위에서 기능하게 만들었기 때문에 미국의 민주주의는 제 역할을 합니다. 올해 우리가 본 뜻밖의 것 중 하나는 매일, 미국인들, 우리의 친구들, 이웃들, 종종 자원봉사자들, 민주당원, 공화당원, 무당파들이 절대적 용기를 보여주며, 법률에 대한 확고한 믿음과 준수를 보여주었다는 것입니다. 그들은 대 유행병의 상황에서도 자신들의 의무를 다했습니다. 그리고 자신들이 진실이 아니라고 알고 있는 것에는 신뢰의 증표를 줄 수도 주지도 않았습니다. 그들은 이번 선거가 감시되고 있으며, 그들이 감독하고 있다는 것을 알고 있었습니다. 선거는 정직했고, 자유롭고 공정했습니다.

　그들은 자신들의 눈으로 보았고, 다른 어떤 것을 말하도록 협박당하지 않았습니다. 너무 많은 미국인들이 너무 많이, 엄청난 정치적 압박, 언어폭력과 육체적 폭력의 위협까지 받았기 때문에 이것은 진실로 놀라운 것이었습니다. 우리 모두는 그러한 상황에서 용기와 자유롭고 공정한 선거에 대한 헌신을 우리 미국인들이 항상 보여주길 원하지만, 이번 선거에서 우리가 목격한 위협과 폭력을 누구도 겪지 않기를 진정으로 바랍니다. 이것은 양심 없는 것입니다. 이들 공무원들에게 감사를 드려야 합니다. 남의 주목을 받으려 하지 않았고, 우리의 민주주의는 그들 덕분에 살아남았습니다. 이것이 미국의 일상적인 모습이고, 우리나라의 핵심인 영광, 기개와 품위로 채워졌다는 증거입니다.

word tip!
unwavering 확고한 credence 신빙성 verbal 언어[말]의 infuse 불어넣다
decency 체면, 품위

You know, in this election, their integrity was matched by their strength, independence, and the integrity of our **judicial** system. In America, when questions are raised about the **legitimacy** of any election, those questions are resolved through the legal processes. And that's precisely what happened here. The Trump campaign brought dozens and dozens and dozens of legal challenges to test the result. They were heard again and again, and each of the time they were heard, they were found to be without merit. Time and again, President Trump's lawyers presented arguments to state officials, state legislatures, state and federal courts, and ultimately to the United States Supreme Court twice. They were heard by more than 80 judges across this country. And in every case, no cause or evidence was found to reverse or question or dispute the results.

A few states went for **recounts**. All the counts were confirmed. The results in Georgia were counted three times. It didn't change the outcome. The recount conducted Wisconsin actually saw our margin grow. The margin we had in Michigan was 14 times the margin President Trump won that state by four years ago. Our margin in Pennsylvania was nearly twice the size of the Trump margin four years ago. And yet none of this has stopped **baseless** claims about the legitimacy of the results.

이번 선거에서 그들의 성실함은 힘과 독립성 그리고 사법제도의 완벽함과 짝을 이루었습니다. 미국에서 선거의 합법성에 대한 의혹이 생겨나면, 그러한 의혹은 법률적 절차를 통해서 해결됩니다. 바로 그것이 여기에서 일어난 것입니다. 트럼프의 선거운동 본부는 결과를 검증하기 위한 법률적 이의신청을 매우 많이 제기했습니다. 그들이 주장하고 주장할 때마다 증거 없다는 것이 밝혀졌습니다. 매번, 트럼프 대통령의 변호인들은 주 공무원들, 주 의회, 주와 연방의 법원 그리고 궁극적으로는 연방대법원에도 2차례 이의를 제기했습니다. 80명 이상의 법관들이 그들의 주장을 들어주었습니다. 그리고 모든 경우에, 결과를 뒤집거나 의문을 갖거나 논쟁할 이유나 증거가 없다는 것이 밝혀졌습니다.

몇몇 주는 재검표를 진행했습니다. 모든 표 집계는 확정되었습니다. 조지아 주의 결과는 3번 계수 되었습니다. 결과를 바꾸지는 못했습니다. 위스콘신에서 이루어진 재검표는 실제로 우리의 득표 차를 벌려놓았습니다. 미시간 주에서 우리의 표 차이는 4년 전 트럼프 대통령이 얻었던 표 차이의 14배에 달했습니다. 펜실베이니아 주의 표 차이는 4년 전 트럼프 대통령의 표차이의 거의 2배에 달했습니다. 하지만 이중 어느 것도 결과의 합법성에 대한 근거 없는 주장을 막지 못하고 있습니다.

word tip!

judicial 사법[재판]의　legitimacy 합법성, 적법　recount 다시 세다, 재검표하다　baseless 근거 없는

Even more stunning, 17 Republican Attorneys General, and 126 Republican members of the Congress, actually, they actually signed onto a **lawsuit** filed by the state of Texas. That lawsuit asked the United States Supreme Court to reject the certified vote counts in Georgia, Michigan, Pennsylvania, and Wisconsin. This legal maneuver was an effort by elected officials and one group of states to try to get the Supreme Court to wipe out the votes of more than 20 million Americans in other states. And to hand the presidency to a candidate who lost the Electoral College, lost the popular vote, and lost each and every one of the states whose votes they were trying to reverse.

It's a position so extreme, we've never seen it before. And position that refused to respect the will of the people, refused to respect the rule of law, and refused to honor our Constitution. Thankfully, a **unanimous** Supreme Court immediately and completely rejected this effort. The Court sent a clear signal to President Trump that they would be no part of an unprecedented assault on our democracy. Every single avenue was made available to President Trump to contest the results. He took full advantage of each and every one of those avenues. President Trump was denied no course of action he wanted to take. He took his case to Republican governors and Republican Secretary of State as he criticized many of them, to Republican state **legislature**, to Republican appointed judges at every level. And then the case decided after the Supreme Court's latest rejection, a judge appointed by President Trump wrote, "This court has allowed the **plaintiff** the chance to make his case and he has lost on the merits." Lost on the merits.

보다 놀라운 것은, 17명의 공화당 소속 주 검사장과 126명의 공화당 소속 하원 의원들은 텍사스 주가 제기한 소송에 서명을 했습니다. 그 소송은 연방대법원에 조지아 주, 미시간 주, 펜실베이니아 주 그리고 위스콘신 주의 공인 득표수를 무효화해 달라는 것이었습니다. 이러한 법률 전술은 선출된 공직자와 일부의 주가 다른 주의 2천만 명 이상의 표를 연방대법원이 무효화하도록 만들려는 시도였습니다. 그리고 선거인단의 투표에서 지고, 국민들의 투표에서도 지고, 그들이 뒤집고 싶어 하는 각각의 주에서 패배한 후보자에게 대통령의 직책을 넘겨주려고 하는 시도였습니다.

    이것은 매우 극단적인 태도이고 우리는 이전에 본 적이 없습니다. 국민들의 의지를 존중하지 않고, 법률을 존중하지 않으며, 우리의 헌법을 존중하지 않는 태도입니다. 다행스럽게도 연방대법원은 만장일치로 즉시 그러한 시도를 기각했습니다. 법원은 트럼프 대통령에게 민주주의에 대한 전례 없는 공격의 일원이 되지 않겠다는 분명한 신호를 보냈습니다. 각각의 행정단위는 트럼프 대통령이 선거 결과에 이의를 제기하는 것을 가능하게 보장하고 있습니다. 그는 이러한 행정단위를 충분히 이용했습니다. 트럼프 대통령은 제기하고자 했던 절차를 시작도 못하고 기각되었습니다. 그는 공화당 소속 주지사와 공화당 소속 주무장관(州務長官), 공화당 소속의 주 의회, 공화당이 지명한 각급 법관들에게 사건을 가져갔습니다. 연방대법원의 최근 기각 이후, 그 사건의 판결이 이루어졌는데, 트럼프 대통령이 지명한 판사는 "본 법원은 원고가 사건의 증거를 제시하도록 허용했지만, 본안 사건이 기각되었다"라고 판결했습니다. 본안 사건에 패배했습니다.

word tip!

lawsuit 소송 unanimous 만장[전원]일치의 legislature 입법 기관(의 사람들), 입법부 plaintiff 원고, 고소인

Even President Trump's own **cybersecurity** chief, overseeing our elections, said it was the most secure election in American history, and **summarily** is let go. Let me say it again. His own cybersecurity chief overseeing this election said it was the most secure in American history.

You know, respecting the will of the people is at the heart of our democracy, even we find those results hard to accept. But that's the **obligation** of those who've taken on a **sworn** duty to uphold the Constitution. Four years ago, when I was a sitting Vice President of the United States, it was my responsibility to announce the tally of the Electoral College votes of the joint session of Congress, had voted to elect Donald Trump.

I did my job. And I'm pleased but not surprised by the number of my former Republican colleagues in the Senate who have acknowledged already the results of the Electoral College. I thank them. And I'm convinced we can work together for the good of the nation on many subjects. That's the duty owed to the people, to our Constitution, to our history.

트럼프 대통령의 사이버 보안 책임자는, 선거를 감독했는데, 미국 역사상 가장 안전한 선거였으며, 요약하면, 문제 삼지 않는다고 말했습니다. 다시 말씀드리겠습니다. 이번 선거를 감독했던 그의 사이버 보안 책임자는 미국 역사상 가장 안전했다고 말했습니다.

비록 결과를 받아들이기 어렵더라도, 국민의 의지를 존중하는 것이 우리 민주주의의 핵심입니다. 그것이 헌법을 수호하겠다는 의무를 서약한 사람들의 책임입니다. 4년 전 부통령이었을 때, 상하원 합동회의에서 도널드 트럼프를 선출한 선거인단의 투표 결과를 발표하는 것이 저의 책임이었습니다.

저는 저의 임무를 수행했습니다. 선거인단의 결과를 이미 알고 있었던 전직 공화당 상원 동료들의 숫자에 놀라지 않았습니다. 그들에게 감사했습니다. 많은 주제에 있어서 우리나라가 잘 되도록 함께 일할 수 있다고 확신합니다. 그것이 국민들에 대한, 헌법에 대한, 그리고 우리 역사에 대한 의무입니다.

word tip!
cybersecurity 사이버보안 summarily 약식으로 즉결로 obligation 의무 sworn 선서[맹세]를 하고 한

You know, in this battle for the soul of America, democracy prevailed. We the people voted, faith in our institutions held, the integrity of our elections remains **intact**. And now it's time to turn the page as we've done throughout our history, to unite, to heal. As I said in this campaign, I will be president for all Americans. I'll work just as hard for those of who you didn't vote for me as I will for those who did. There's urgent work in front of us. Getting this pandemic under control and getting the nation **vaccinated** against this virus, delivering immediate economic help so badly needed by so many Americans who are hurting today, and then building our economy back better than it ever was.

In doing so, we need to work together to give each other a chance to lower the temperature. And most of all, we need to stand in **solidarity** as fellow Americans, to see each other, our pain, our struggles, our hopes, and our dreams. We're a great nation. We're good people. We may come from different places, hold different beliefs, but we share in common a love for this country, a belief in its limitless possibilities. For we, the United States of America, has always set the example for the world for a peaceful transition of power. We'll do so again. I know the task before us won't be easy. It's **tempered** by the pain so many of us are feeling.

미국의 정신을 위한 싸움에서 민주주의가 승리했습니다. 우리 국민들이 투표했고, 우리의 제도에 대한 믿음을 지켰고, 선거의 완벽함이 손상되지 않았습니다. 우리가 역사를 통해 해왔듯이, 이제는 페이지를 넘겨 통합하고 치유해야 할 때입니다. 저는 모든 미국인의 대통령이 되겠습니다. 저를 지지한 사람들을 위해서뿐만 아니라, 저를 지지하지 않은 사람들을 위해서도 열심히 일하겠습니다. 우리 앞에 시급한 일이 놓여있습니다. 이 대 유행병을 통제하고, 이 바이러스에 대한 백신을 접종하고, 오늘날 고통받고 있는 많은 미국인들이 절실하게 필요로 하는 긴급 경제 지원을 하며, 우리의 경제를 이전보다 더 좋게 세우는 것입니다.

그렇게 하는 과정에서, 우리는 함께 일하며, 감정을 누그러뜨릴 기회를 서로에게 주어야 합니다. 대부분, 우리는 동료 미국인들과 연대해서 서로를 보고, 우리의 고통, 투쟁, 희망과 꿈을 보아야 합니다. 우리는 위대한 나라입니다. 우리는 훌륭한 국민입니다. 우리는 다양한 곳 출신이고, 다양한 믿음을 갖고 있지만, 우리나라에 대한 사랑, 무한한 가능성의 믿음을 공통으로 가지고 있습니다. 우리에게 미국은 평화적 정권교체의 세계적인 모범이 되어왔습니다. 우리는 또 한 번 해낼 것입니다. 우리 앞에 놓인 임무는 쉽지 않을 것입니다. 그 임무는 너무나 많은 우리들이 느끼고 있는 고통에 의해서 다져진 것입니다.

word tip!

intact 온전한 vaccinate 예방[백신] 주사를 맞히다 solidarity 연대, 결속 tempered 조절된, 완화된

Today, our nation passed a **grim milestone**, 300,000 deaths to this COVID virus. My heart goes out to each of you in this dark winter of the pandemic, about to spend the holidays and the new year with a black hole in your hearts, without the ones you loved at your side. My heart goes out to all of you who have fallen on hard times through no fault of your own, unable to sleep at night, staring at the **ceiling**, **weighed down** by the worry of what tomorrow will bring for you and equally important for your family.

But we faced difficult times before in our history. I know we'll get through this one, but together. That's how we get through it together. So as we start the hard work to be done, may this moment give us a strength to rebuild this house of ours upon a rock that can never be washed away. As in the Prayer of St. Francis, for where there is **discord**, union, where there is doubt, faith where there is darkness, light. This is who we are as a nation. This is the America we love and that is the America we're going to be. So thank you all and may God bless you. And may God protect our troops and all of those who stand watch over our democracy. Thank you.

Thanks for the congratulations, appreciate it.

Thank you.

오늘 우리나라는 이번 코로나바이러스감염증의 3십만 번째 사망자라는 우울한 기록을 갖게 되었습니다. 곁에 사랑하는 이가 없이 이 유행병의 어두운 겨울 명절과 새해를 가슴에 블랙홀을 품은 채 보내는 여러분 모두에게 저의 마음의 위로를 드립니다. 자신의 잘못이 아닌 일로 힘든 시간을 보내고 밤에 잠들지 못하고, 천장을 바라보며 내일은 당신과 당신의 가족에게 무슨 일이 일어날 것인지 염려에 억눌려있는 여러분 모두에게 저의 마음을 전합니다.

우리는 우리나라 역사에서 이전에도 어려운 시기를 맞았었습니다. 우리는 이 어려움을 함께 이겨낼 것입니다. 그것이 우리가 함께 헤쳐 나가는 방식입니다. 우리는 힘든 일을 시작해서 끝내면, 이 기회가 우리에게 결코 사라지지 않을 바위 위에 우리의 집을 다시 세울 수 있는 힘을 줄 것입니다. 성 프란시스의 기도에 있는 것처럼, 불화가 있는 곳에 단합, 의심이 있는 곳에 믿음을, 어둠이 있는 곳에 빛을. 이것이 우리가 사랑하는 미국이고 우리가 이루고자 하는 미국입니다. 여러분 모두 감사하고 신의 축복이 있기를. 신이시여 우리 군대를 보호하시고 우리의 민주주의를 지키기 위해 선 사람들을 보호하소서. 감사합니다.

축하 감사합니다. 감사합니다.

감사합니다.

word tip!

grim 암울한 milestone 중요한 단계 ceiling 천장 weigh down ~을 짓누르다 discord 불화, 다툼

On the Affordable Care Act

★ Good afternoon, everyone. Let me say to the press **assembled**,
★ I'm going to make a short statement here, and then I'm going over to
★ vote with my wife and then I'll be happy to take your questions after I
★ vote. Okay?
★

I just completed in here another public health briefing with my team of public health experts. We looked at the latest reported data on how it indicates that we're on an upward slope of a bigger wave of confirmed **infections** than anything we experienced to date. We talked about what actions would be needed to turn this around and how it will be made worse by this administration's declaration of surrender to the virus. And we discussed again, the vital importance of wearing masks, of protecting yourself, protecting your neighbor, and to save around a 100,000 lives in the months ahead between now and just after the first of the year. This is not political, it's patriotic. Wearing a mask, wear one, period.

We focused on the way this virus is hitting communities of color much harder, particularly black, Latino and Native American communities. We're seeing **race-based disparities** across the aspects of this virus, higher infection rates, but lower access to testing and harder time quarantining safely because of their financial **circumstances**. Lower access to quality treatment, when they are infected and tragically higher mortality rates. One in 1,000 black Americans have died from this virus.

적정 의료 보험법에 관하여...

안녕하세요! 여러분. 모여 있는 언론인들에게 말씀드리겠습니다. 여기서 간단히 몇 마디 한 후, 집사람과 함께 투표를 하고 나서 여러분들의 질문을 받으면 좋을 것 같습니다. 괜찮겠습니까?

여기서 이제 막 공중보건 전문가들과 공중보건 브리핑을 마쳤습니다. 우리는 오늘까지 우리가 경험했던 그 어떤 것보다 큰 규모의 확진 감염자의 상승곡선이 무엇을 의미하는 가에 대한 최근 자료를 살펴보았습니다. 이러한 경향을 되돌리기 위해 우리에게 필요한 행동이 무엇이고, 바이러스에 굴복을 선언한 정권에 의해 어떻게 더 악화될 수 있는가에 대해 이야기 나눴습니다. 우리는 다시 한번 마스크 착용이 자신과 이웃을 보호하고 앞으로 몇 달 동안 10만 명 가까운 사람들의 생명을 구하기 위해 매우 중요하다는 이야기를 나눴습니다. 이것은 정치적인 것이 아닙니다. 이것은 애국적인 것입니다. 마스크 착용하기.

이 바이러스가 유색인종 사회에, 특히 흑인, 라티노, 그리고 아메리카 원주민 사회에 더 큰 타격을 가하는 것에 주목했습니다. 우리는 경제적 상황으로 인해, 인종적 불평등을 보여주는 바이러스의 전반적인 특성, 즉, 보다 높은 감염률, 더 낮은 검사와 안전하게 격리되기 더 어려움 등에 대해 살펴보았습니다. 양질의 치료를 받을 가능성이 더 낮고, 감염되면 비극적이게도 더 높은 사망률을 보입니다. 1000명의 흑인 중 1명이 이 바이러스로 인해 사망했습니다.

word tip!
assemble 모이다 infection 감염 race-based 인종에 기반을 둔 disparity (특히 한쪽에 불공평한) 차이
circumstances 사정, 상황

This is a staggering statistic and 57% of black adults, 46% of Latino adults know someone who has died or been hospitalized from disease.

Folks, we've lost more than 220,000 lives to this virus already. But this administration has just given up. Over the weekend, the White House, chief of staff Mark Meadows, went on television and admitted that they've waived the white flag and declared surrender. He said, "We're not going to control the pandemic." The American people deserve so much better than this. Just look at what happened last night in Omaha, after the Trump rally ended. Hundreds of people, including older Americans and children were stranded in **sub-zero** freezing temperatures for hours. Several folks ended up in the hospital. It's an image that captures President Trump's whole approach to this crisis. He takes a lot of big **pronouncements** and he makes a lot of big pronouncements, but they don't hold up.

He gets his photo **op** and then he gets out. He leaves everyone else to suffer the consequences of his failure to make a responsible plan. It seems like he just doesn't care much about it. And the longer he's in charge, the more **reckless** he gets, it's enough. It's time to change. Meanwhile, yesterday, the White House science office and this **stunned** me, put out a statement listing ending the COVID-19 pandemic as a top accomplishment of President Trump's first term.

이는 놀라운 통계수치이고 흑인 성인 57%와 라티노 성인 46%가 이 질병으로 인해 사망하거나 병원에 입원한 사람을 알고 있다고 대답했습니다.

여러분, 우리는 이미 이 바이러스에 22만 명 이상의 사람들이 목숨을 잃었습니다. 그러나 이 정권은 포기하고 말았습니다. 주말에, 백악관 고위 관리인 마크 미도우스는 TV에 출연하여 항복의 백기를 흔들었다는 것을 인정했습니다. "우리는 이 대 유행병을 통제하려 하지 않을 것입니다"라고. 미국인들은 이보다 훨씬 나은 대접을 받아야 합니다. 트럼프의 집회가 끝난 후, 오마하에서 일어난 일을 보십시오. 노인과 어린이를 포함해서, 수많은 사람들이 몇 시간 동안 영하의 기온에 버려져있었습니다. 몇몇 사람들은 결국 병원을 찾아야 했습니다. 이것은 이 위기에 대응하는 트럼프 대통령을 나타내는 장면입니다. 그는 거창하게 발표하고, 수없이 많이 거창한 계획을 말하지만, 그것뿐입니다.

사진 찍는 기회만 갖고 빠져나가 버립니다. 다른 모든 이들은 책임 있는 계획 수립 실패의 결과에 고통받게 버려둡니다. 별로 신경 쓰지 않는 것 같아 보입니다. 그가 권력을 오래 잡고 있으면 있을수록 점점 더 무모해집니다. 이것으로도 충분합니다. 어제 백악관 과학팀은 코로나바이러스감염증-19의 대 유행병 종식이 트럼프 대통령의 임기 중 최고의 업적 중 하나라고 발표해 저를 어리둥절하게 만들었습니다.

word tip!
sub-zero 영하의 pronouncement 공표, 공포, 선언 op (=optical art) 옵티컬 아트 (추상 미술) reckless 신중하지 못한 stun 어리둥절하게 하다

Top **accomplishment** of Trump's first term. At the very moment when infection rates are going up in almost every state in our union, the refusal of the Trump administration to recognize the reality we're living through at a time when almost a 1,000 Americans a day are dying. Every single day is an insult to every single person suffering from COVID-19 and every family who's lost a loved one. There's nothing more personal. There's nothing more personal to an American family than their health care and the health care of their loved ones.

I know all too well what it feels like to have your heart **ripped** out, losing a loved one too soon. To sit in the hospital bedside and feel like there's a black hole in the middle of your chest, knowing there's not much you can do. I and many of you know what it feels like to watch a beloved person die, why they're dying of **cancer** or some other disease without having to wonder about whether you can pay for the medical bills or what would happen if God forbid the insurance companies were able to come in and say, " We're not going to cover the treatment." And yet today, President Trump is on a **single-minded** crusade to strip Americans of their health care. That would only create another **enormous** crisis in the public health system.

트럼프 임기 중 가장 뛰어난 업적이라고. 우리 미국의 거의 모든 주에서 감염률이 상승하고 있는 바로 이 순간에, 매일 1000명의 미국인이 사망하는 세상을 살고 있다는 현실을 트럼프 정권은 인정하지 않고 있습니다. 코로나바이러스감염증-19로 고통받고 있는 모든 사람과 사랑하는 사람을 잃은 가족들에게 매일매일이 모욕과 같이 느껴지게 합니다. 이보다 더 개인적일 수는 없습니다. 자신과 사랑하는 사람의 건강관리보다 개인적인 것은 없습니다.

　사랑하는 사람을 너무 일찍 잃어서 가슴이 찢기는 것이 어떤 느낌인지 저도 잘 알고 있습니다. 병실 침대 곁에 앉아서 해줄 것이 별로 없다는 것을 알고 가슴 한 가운데가 뻥 뚫린 것 같은 느낌을 알고 있습니다. 병원비를 지불할 수 있을지, 혹은 그럴리야 없겠지만, 보험회사에서 찾아와 "치료비를 지급할 수 없습니다"라고 한다면 어떻게 해야 하나를 생각하지 않고, 사랑하는 사람이 암이나 다른 질병으로 죽어가는 모습을 보는 것이 어떤 느낌인지 여러분들과 마찬가지로 저도 알고 있습니다. 하지만 오늘 트럼프 대통령은 미국인들에게서 건강보험을 빼앗아버리겠다는 단 하나의 과업에 매진하고 있습니다. 그것은 공중보건 제도에 또 다른 엄청난 위기를 불러일으킬 것입니다.

word tip!

accomplishment 업적 rip 찢다[찢어지다] cancer 암 single-minded 외곬수의 enormous 막대한, 거대한

In two short weeks, exactly one week after the election, the Trump administration will make its case, asking the Supreme Court to strike down the Affordable Care Act, "In its entirety." In its **entirety**. Let me say that again. They're arguing that the entire law must fall, which would strip 20 million Americans have their health insurance **overnight**, rip away protections for pre-existing conditions for more than 100 million people in the middle of an **upswing** of a pandemic, the upswing.

Look, just this week on 60 Minutes, we heard what Trump told Lesley Stahl about the upcoming Supreme Court case on the Affordable Care Act. And I quote, "I hope that they end it'll be so good if they end it." There is no question. There's no question. That's why President Trump nominated Justice Barrett to the court. And that's why the Republicans **jammed** her through confirmation in the middle of the election. Republicans have tried and tried and tried since the Affordable Care Act was passed to **overturn** it. And every single time they failed.

불과 2주 후, 정학하게는 선거 1주 후, 트럼프 정권은 연방대법원에 적정부담 의료보험 법안을 "완전히" 폐기하기 위한 소송을 제기할 것입니다. 완전히 폐기. 다시 한번 말씀드리겠습니다. 그들은 그 법은 완전히 폐기되어야 한다고 주장하고 있고, 이는 2천만 명 이상의 미국인에게서 하루아침에 의료보험을 빼앗고, 이 대 유행병이 확산일로에 있는 와중에, 기저질환이 있는 1억 명 이상의 미국인들의 보호막을 빼앗게 될 것입니다.

이번 주 방송 프로그램 '60미니트'에서 트럼프가 레슬리 스탈에게 곧 있게 될 연방대법원의 적정부담 건강보험 법안(ACA)에 대한 판결에 대해 말하는 것을 들었습니다. "폐기해주길 바라며, 그러면 정말 좋을 것입니다."라고 말했습니다. 이론의 여지가 없습니다. 이론의 여지가 없어요. 그것이 바로 트럼프 대통령이 자넷 대법관을 지명한 이유입니다. 그것이 공화당이 선거가 치러지는 동안에 인준을 강행했던 이유입니다. 공화당원들은 ACA가 통과된 이후로 끊임없이 폐기를 시도했지만, 번번이 실패했습니다.

word tip!

entirety 전부 overnight 하룻밤 사이에 upswing 호전 jam (세게) 밀다[밀어 넣다] overturn 뒤집히다, 뒤집다

President Trump has tried everything he can on his own to **sabotage** the law. So now through what I'd characterize as a craving abusive of political power. They've added to the Court of Justice who criticized Chief Justice, Roberts' previous decision to uphold the Affordable Care Act in hopes that they can destroy the Affordable Care Act once and for all through the courts. No matter how many Americans they hurt in the process. So let's remember exactly what's at stake in this election. If you have diabetes, asthma, cancer, or even complications from COVID-19, you're going to lose the protection this law provides. Insurers will once more be able to **jack-up** your premiums or **deny** your **coverage**. Women could again be charged more for their health care just because they're women and children will no longer be able to stay in their parents' insurance policies until age 26.

On top of all that, overturning the ACA could mean that people have to pay to get COVID-19 vaccine once it's available. That's right. That's right. The law that says insurers are required to cover vaccines for free is the Affordable Care Act. And he's striking that down, attempting to. Unlike Donald Trump, I believe health care isn't a privilege, it's a right that everyone have access to it. This country can't afford four more years of a president who thinks he's only responsible for the wellbeing of the people who voted for him. We can't afford four more years of a president who instead of fighting the virus, attacks doctors. I can't get over the guy. He attacked doctors claiming their over-reporting COVID cases because they want to make more money. Doctors are **over-reporting** cases because they want to make money.

트럼프 대통령은 그 법을 파괴하기 위해 할 수 있는 모든 것을 시도했습니다. 그래서 지금은 제가 정치권력의 맹목적인 남용이라고 부르는 것을 통해서 시도하고 있습니다. ACA를 지지했던 로버트 연방대법원장의 앞선 판결을 비판하는 대법관을 지명하여, ACA를 완전히 폐기할 수 있기를 바라고 있습니다. 그 과정에서 얼마나 많은 미국인들이 고통을 받게 되는가는 중요하지 않습니다. 따라서 이번 선거에서 무엇이 위기에 처했는가를 정확히 기억하고 있어야 합니다. 만일 당뇨, 천식, 암이나 코로나바이러스감염증-19의 합병증이 있으며, 법률이 제공하는 보장을 받지 못하게 됩니다. 보험사는 여러분의 보험료를 인상하거나 보장을 거부하게 될 것입니다. 여성들은 여성이라는 이유로 건강보험에 보다 많은 부담을 해야 하며, 아이들은 26세까지 부모의 보험의 보장을 받는 것이 불가능해질 것입니다.

그 무엇보다도, ACA의 폐기는 코로나바이러스감염증-19 백신이 공급될 때 접종하기 위해서 돈을 지불해야 한다는 것입니다. 그렇습니다. 보험사는 백신을 무료로 보장해야만 한다고 주장하는 법률이 바로 ACA입니다. 트럼프는 그것을 폐기하려 합니다. 도널드 트럼프와 달리, 저는 건강보험은 특권이 아니라 누구나 누릴 수 있는 권리라고 믿습니다. 우리나라는 자신에게 투표한 사람들만의 복리를 책임지는 대통령이 4년을 더 하도록 하는 나라가 아닙니다. 바이러스에 맞서 싸우는 대신에 의사들을 공격하는 대통령이 4년을 더 하도록 허용할 수 없습니다. 저는 이 사람을 그냥 보고만 있지 않을 것입니다. 과장된 코로나 바이러스 감염 보고는 더 돈을 많이 벌기 위해서라고 의사들을 비난하고 있습니다. 돈을 더 많이 벌기 위해 의사들이 코로나 바이러스 감염 사례를 과장했다고 했습니다.

word tip!

sabotage 사보타주 jack-up 대폭 인상하다 deny 거부하다 coverage 범위 over-reporting 과대 보도

Our doctors and nurses and our frontline health care workers are putting themselves at enormous risk every day. More than a 1,000 of them have already died in attempt to beat back this pandemic and save lives. They deserve to be treated with respect by their president. We can't afford four more years of a president who'd rather spend his time **desperately** trying to strip people of their health care, and not even once **bothered** to put forward a health care plan on his own. We can't afford four more years of Donald Trump. And the good news is we have a chance to turn this around by voting. We have six more days left in this election and the American people have it in their hands to put this country in a **vastly** different path.

This is my commitment to you. I'll protect and build on the Affordable Care Act, so that you can keep your private insurance or choose a Medicare like option. You can make it stronger. I'm going to make it stronger with your help to lower premiums and deductibles. And **out-of-pocket** expenses. We'll bring down drug prices, but almost two thirds by taking steps such as allowing Medicare to negotiate with the pharmaceutical companies who are making billions of dollars, making the price lower. When they negotiate, Medicare says, "We're only going to pay you X amount for the following medicines." That will lower prices **drastically** making it available to everyone.

우리의 의사들과 간호사들 그리고 최전선에 있는 건강관리 종사자들은 매일 자신을 위험에 노출시키고 있습니다. 그들 중 1천 명 이상이 이 대 유행병을 몰아내고 생명을 구하려다 이미 희생되었습니다. 그들은 대통령으로부터 존경을 받을 자격이 있습니다. 자신의 시간을 국민들의 건강보험을 빼앗기 위해 필사적으로 노력하고, 직접 건강보험이 발전하도록 수고하려 들지 않는 대통령이 4년을 더 하게 내버려 둘 수 없습니다. 도널드 트럼프에게 4년의 시간을 더 줄 수는 없습니다. 다행인 것은 선거로 이것을 바꿔놓을 수 있는 기회가 있다는 것입니다. 우리는 선거까지 6일이 남아있으면, 미국인들은 우리나라가 완전히 다른 길로 갈 수 있도록 선택할 수 있습니다.

이것이 저의 약속입니다. ACA를 지키고 확대해서, 민간보험을 유지하며 추가로 공적 의료보험을 선택할 수 있게 하겠습니다. 보험이 보다 강력하게 만들 수 있습니다. 여러분의 도움이 있으면 보험료와 공제금액을 낮추어 보다 강력하게 만들 것입니다. 그리고 자기 부담금도 낮추겠습니다. 공적 의료보험이 수십억 달러의 이익을 보고 있는 제약회사들과 비용을 낮추도록 협상하여 거의 2/3가량 약 값을 낮추게 될 것입니다. 협상하게 되면, 공적 의료보험은 "다음 약들에 대해서 X만큼만 지불하겠다" 말할 것입니다. 그러면, 비용이 획기적으로 낮아져 누구나 이용할 수 있게 할 것입니다.

word tip!

desperately 절망적으로 bother 신경 쓰다 vastly 대단히 out-of-pocket 사후 정산되는 drastically 과감하게

On the Affordable Care Act **117**

We're going to make sure every American has access to free COVID-19 vaccine. This isn't beyond our capacity. Now, if we come together, we can stand together. If we stand together as the United States, the United States, Democrats, Republicans and independents. We can **transcend** all divisions and show what's possible. There's nothing beyond our capacity. There's no limit to America's future. And if I'm elected president, as I said yesterday in Warm Springs, Georgia. I'll be a president who is not in it for himself, but for others. A president of doesn't divide us, but unites us. A president who looks not to **settle** scores, but to find solutions. A president guided not by **wishful** thinking, but by science, reason and facts.

Even if I win, it's going to take a lot of hard work to end this pandemic. I'm not running on the false promise of being able to end this pandemic by **flipping** a switch. But what I can promise you is this, we will start on day one doing the right things. We'll let science drive our decisions. We will deal honestly with the American people and we will never, ever, ever quit. That's how we'll shut down this virus. So we can get back to our lives, a lot more quickly than the **pace** we're going at now. I'm going to fight to protect your health care, I promise you. Just like I fight for my own family. We can do this. I promise you, and I'm going to go do what I hope all of you do.

우리는 미국인 누구나 무료로 코로나바이러스감염증-19 백신을 맞을 수 있도록 하겠습니다. 이것은 우리의 능력으로 충분합니다. 이제 함께 힘을 합한다면, 우리는 함께 설 수 있습니다. 우리가 함께 미국이라는 나라로, 민주당도 공화당도 무정파도 함께 설 수 있습니다. 우리는 모든 분열을 넘어서 무엇이 가능한지 보여줄 수 있습니다. 우리의 능력이 못할 것이 없습니다. 미국의 미래에 한계란 없습니다. 만일 대통령에 당선되면, 어제 조지아 주 웜 스프링스에서 말한 바와 같이, 자신을 위한 대통령이 아니라 모두를 위한 대통령이 되겠습니다. 우리를 분열시키지 않고 통합하는 대통령이 되겠습니다. 복수하는 방법을 찾지 않고 해결책을 찾는 대통령. 희망 속의 상상을 쫓는 대통령이 아니라 과학, 근거와 사실을 따르는 대통령이 되겠습니다.

승리한다 하더라도, 이 대 유행병을 몰아내기 위해서는 열심히 해야 할 일이 매우 많습니다. 스위치를 켜듯 이 대 유행병을 끝낼 수 있다는 거짓된 약속을 가지고 출마한 것이 아닙니다. 여러분들에게 약속하는 것은 출범 첫날 올바른 것을 시행하겠다는 것입니다. 과학이 우리의 결정을 끌어내도록 하겠습니다. 미국인들에게 솔직하게 말하고, 우리는 결코 포기하지 않겠습니다. 그것이 우리가 이 바이러스를 물리치는 방법입니다. 우리는 우리의 일상으로 지금 우리가 가고 있는 것보다 훨씬 더 빠른 속도로 되돌아갈 수 있습니다. 저는 여러분의 건강보험을 지키기 위한 싸움을 해나갈 것입니다. 약속합니다. 제 가족을 위해 싸웠듯이. 우리는 이것을 해낼 수 있습니다. 여러분들에게 약속합니다. 우리 모두가 해야 하는 것을 하겠습니다.

word tip!

transcend 초월하다 settle 해결하다 wishful 갈망하는, 소원하는 flip 스위치를 찰칵 누르다 pace 속도

I'm going to walk out of this building and I'm going to go **vote**. I'm going to go vote. There's a lot of people on that **ballot**, not just me, but the down-ballot as well, that are going to change things for us. Make it better.

So may God bless you all. And may God protect our troops.

Thank you.

이 건물을 나가서 투표를 하겠습니다. 투표를 하겠습니다., 투표용지에는 제 이름 말고도 이름이 많이 있습니다. 투표용지 아래쪽에 있는 다른 선거 출마자의 이름들은 우리를 위해 세상을 바꾸게 해줄 것입니다. 세상을 더 좋게 해줄 것입니다.

모두에게 신의 은총이 있기를. 신이시여 우리의 군대를 지켜주소서.

감사합니다.

word tip!

vote 투표, 표결 ballot 투표용지

A Victory Speech

★
★
★
★
★

My fellow Americans, the people of this nation have spoken. They have delivered us a clear victory. A convincing victory.

A victory for "We the People."

We have won with the most votes ever cast for a presidential ticket in the history of this nation — 74 million.

I am **humbled** by the trust and confidence you have placed in me.

I **pledge** to be a president who seeks not to divide, but to unify. Who doesn't see red and blue states, but a United States.

And who will work with all my heart to win the confidence of the whole people.

For that is what America is about: the people.

And that is what our administration will be about.

I **sought** this office to restore the soul of America.
To rebuild the **backbone** of the nation — the middle class.

당선 연설

미국민 여러분. 이 국가의 국민 여러분들이 말했습니다.
여러분들은 확실한 승리를 저희들에게 주었습니다. 압도적인 승리를 주었습니다.

"우리 국민들" 의 승리입니다.

우리는 우리나라 역사상 대통령선거에 행사된 최대의 표로 - 7천4백만 표 - 승리를 거두었습니다.

국민 여러분들이 저에게 보내주신 신뢰와 확신에 몸 둘 바를 모르겠습니다.

저는 분열을 추구하는 대통령이 아닌 통합을 추구하는 대통령이 될 것을 맹세합니다. 공화당의 주와 민주당의 주로 분열시키는 것이 아니라 미국으로 통합하는 대통령이 되겠습니다.

전 국민의 신뢰를 받기 위해 온 정성을 대해 일하는 대통령이 되겠습니다.

미국이라는 국가의 본질인 국민들을 위한 대통령이 되겠습니다.

그것은 우리 행정부가 추구하는 것이 될 것입니다.

저는 미국의 정신을 되살리기 위해 이 대통령의 자리에 도전했습니다.
국가의 중추인 중산층을 다시 세우기 위해 대통령의 자리에 도전했습니다.

word tip!
humble 겸허하게[겸손하게] 만들다 pledge 약속[맹세]하다 seek 추구하다 backbone 근간, 중추

To make America **respected** around the world again and to unite us here at home.

It is the honor of my lifetime that so many millions of Americans have voted for this vision.

And now the work of making this vision real is the task of our time.

As I said many times before, I'm Jill's husband.

I would not be here without the love and **tireless** support of Jill, Hunter, Ashley, all of our grandchildren and their **spouses**, and all our family.

They are my heart.

Jill's a mom — a military mom — and an educator.

She has dedicated her life to education, but teaching isn't just what she does — it's who she is. For America's educators, this is a great day: You're going to have one of your own in the White House, and Jill is going to make a great first lady.

전 세계가 미국을 다시 존경하게 만들고 국내에서는 우리 모두를 통합하기 위해 도전했습니다.

이러한 비전에 그렇게 많은 미국인들이 표를 준 것은 제 일생의 영광입니다.

이러한 비전을 실현하는 일이 이제는 우리 시대의 임무입니다.

수없이 말했듯이, 저는 질의 남편입니다

질, 헌터, 애슐리, 우리의 모든 손자들과 그들의 배우자들, 또 우리 가족 모두의 사랑과 끊임없는 지지가 없었다면, 저는 이 자리에 오지 못했을 것입니다.

그들은 저의 영혼과 같습니다.

질은 어머니, 군인의 어머니, 또한 교육자입니다.

그녀는 일생을 교육에 헌신했습니다. 하지만 교육은 단지 직업이 아니라 바로 그녀가 어떤 사람인가를 보여주는 것입니다. 미국 백악관에 여러분 자신과 같은 사람 중 한 사람이 들어가게 될 것이기에, 미국의 교육자들에게 오늘은 대단한 날입니다. 질은 훌륭한 퍼스트레이디가 될 것입니다.

word tip!
respect 존경하다 tireless 지칠 줄 모르는 spouse 배우자

And I will be honored to be serving with a fantastic vice president — Kamala Harris — who will make history as the first woman, first Black woman, first woman of South Asian descent, and first daughter of immigrants ever elected to national office in this country.

It's long **overdue**, and we're reminded tonight of all those who fought so hard for so many years to make this happen. But once again, America has bent the arc of the **moral** universe towards justice.

Kamala, Doug — like it or not — you're family. You've become honorary Bidens and there's no way out. To all those who **volunteered**, worked the polls in the middle of this pandemic, local election officials — you deserve a special thanks from this nation.

To my campaign team, and all the volunteers, to all those who gave so much of themselves to make this moment possible, I owe you everything.

And to all those who supported us: I am proud of the campaign we built and ran. I am proud of the **coalition** we put together, the broadest and most **diverse** in history.

저는 매우 뛰어난 부통령 카멀라 해리스와 함께 근무하게 되어 영광입니다. 그녀는 우리 나라 역사에서 국가직 직위에 선출된 최초의 여성, 최초의 흑인 여성, 최초의 동남아시아 후손 이며 최초의 이민자의 딸인 부통령입니다.

많이 늦어졌지만, 이러한 일이 이루어지도록 그렇게 오랫동안 그렇게 열심히 싸워왔던 사 람들 모두를 오늘 밤 떠올려 봅니다. 하지만, 미국은 도덕이 정의를 향하도록 만들었습니다.

카멀라와 더글러스는 좋든 싫든 우리의 가족입니다. 당신들은 명예 바이든가의 일원이 되 었으며, 빠져나가지 못합니다. 이번 세계적인 전염병의 와중에 선거에서 자원봉사하고 일했 던 여러분 모두 그리고 지역 선거 관련 공무원 여러분들은 국가로부터 특별한 감사를 받을 자 격이 있습니다.

우리 선거 운동원들과 모든 자원봉사자들, 이러한 순간이 가능하도록 헌신한 모든 이들, 모 든 것이 여러분의 덕분입니다.

우리를 지지했던 모든 분들에게 저는 우리가 만들고 수행했던 선거운동을 자랑스럽게 생 각합니다. 역사상 가장 광범위하고 다양했던 우리를 하나로 묶어 주었던 연합을 자랑스럽게 생각합니다.

word tip!

overdue 이미 늦어진 moral 도덕상의
volunteer 자원[자진]하다 coalition 연합체 diverse 다양한

Democrats, Republicans and Independents.
Progressives, moderates and conservatives.
Young and old.
Urban, suburban and rural.
Gay, straight, transgender.
White. Latino. Asian. Native American.

And especially for those moments when this campaign was at its lowest — the African-American community stood up again for me. They always have my back, and I'll have yours. I said from the outset I wanted a campaign that represented America, and I think we did that. Now that's what I want the administration to look like.

And to those who voted for President Trump, I understand your disappointment tonight.

I've lost a couple of elections myself.
But now, let's give each other a chance.
It's time to put away the **harsh rhetoric**.
To lower the temperature.
To see each other again.
To listen to each other again.

민주당원, 공화당원 그리고 무당파
진보주의자, 중도주의자, 그리고 보수주의자
젊은이들과 노인들
도시인들, 그리고 시골에 사는 분들
동성애자, 이성애자, 성 전환자
백인, 라티노, 아시안, 아메리카 원주민

그리고 이 선거운동이 가장 저조한 상황이었던 순간에 특히, 흑인들 사회가 저를 위해 다시 힘을 모아 나서주었습니다 그들은 항상 저를 지지해 주었고, 저 또한 항상 여러분들을 지지할 것입니다. 저는 처음부터, 미국을 상징하는 선거운동을 원한다고 말하고 우리는 그렇게 했다고 생각합니다. 그것이 행정부가 보여주기 원하는 모습입니다.

트럼프 대통령을 지지했던 분들에게, 오늘 밤 여러분들의 실망을 이해합니다.

저 자신도 몇 번의 선거에서 낙선한 경험이 있습니다.
하지만, 이제 서로에게 기회를 줍시다.
이제는 거친 비방을 몰아낼 때가 되었습니다.
흥분을 가라앉혀야 할 때가 되었습니다.
서로 상대를 바라보아야 할 때가 되었습니다.
서로의 말에 귀를 기울여야 할 때가 되었습니다.

To make progress, we must stop treating our **opponents** as our enemy. We are not enemies. We are Americans.

The Bible tells us that to everything there is a season — a time to build, a time to **reap**, a time to **sow**. And a time to heal.

This is the time to heal in America.

Now that the campaign is over — what is the people's will? What is our mandate?

I believe it is this: Americans have called on us to **marshal** the forces of **decency** and the forces of fairness. To marshal the forces of science and the forces of hope in the great battles of our time.

The battle to control the virus.

The battle to build prosperity.

The battle to secure your family's health care.

The battle to achieve racial justice and root out systemic racism in this country.

The battle to save the climate.

The battle to restore decency, defend democracy, and give everybody in this country a fair shot.

앞으로 나아가기 위해, 우리는 우리의 경쟁자를 적으로 간주하는 것을 그만두어야 합니다. 우리는 적이 아닙니다. 우리는 미국인입니다.

성경은 모든 것에는 때가 있다고, 만들어야 할 때, 거두어야 할 때, 씨를 뿌려야 할 때가 있다고 말합니다. 그리고 치유의 때도 있습니다.

지금은 미국에서 치유의 때입니다.

이제 선거운동은 끝났습니다. 국민들은 무엇을 원할까요? 우리가 해야 하는 것은 무엇일까요?

미국인들은 품위와 공정함의 힘을 모으도록 우리에게 요구한다고 믿습니다. 우리 시대의 위대한 싸움에서 과학과 희망의 힘을 모으도록 요구합니다.

바이러스를 통제하는 싸움에.

번영을 이루는 싸움에.

여러분 가정의 건강보험을 보장하는 싸움에.

우리나라에서 인종적 정의를 성취하고 제도적 인종차별주의를 제거하는 싸움에.

기후를 지키는 싸움에.

품위를 되찾고, 민주주의를 수호하고, 우리나라의 모든 이들에게 공정한 기회를 제공하는 싸움에.

word tip!
opponent 반대자 reap 수확하다 sow 뿌리다 marshal 모으다 decency 체면, 품위

Our work begins with getting Covid under control.

We cannot repair the economy, restore our **vitality**, or **relish** life's most precious moments — hugging a grandchild, birthdays, weddings, graduations, all the moments that matter most to us — until we get this virus under control.

On Monday, I will name a group of leading scientists and experts as transition advisers to help take the Biden-Harris Covid plan and **convert** it into an action blueprint that starts on Jan. 20, 2021. That plan will be built on a **bedrock** of science. It will be constructed out of compassion, empathy, and concern.

I will spare no effort — or commitment — to turn this pandemic around.

I ran as a proud Democrat. I will now be an American president. I will work as hard for those who didn't vote for me — as those who did.

Let this grim **era** of demonization in America begin to end — here and now.

우리의 임무는 코로나바이러스감염증 통제로부터 시작합니다.

우리가 이 바이러스를 통제하지 못한다면, 우리는 경제를 되살리고, 우리의 역량을 되찾고, 손주들을 안고, 생일, 결혼식, 졸업식과 같은 우리에게 가장 중요한 모든 순간들은 다시 누릴 수 없을 것입니다.

월요일에 뛰어난 과학자들과 전문가들을 바이든-해리스 코로나바이러스감염증 대책을 수립하는 임시 자문 위원으로 위촉하고 이 대책이 2021년 1월 20일에 실행 계획이 되도록 하겠습니다. 그 계획은 과학의 토대 위에 만들어질 것입니다. 열정과 동정심 그리고 배려로부터 만들어질 것입니다.

저는 이 세계적 대 유행 질병이 사라지도록 하는데 노력을 다하겠습니다.

저는 자랑스러운 민주당원으로 선거에 임했습니다. 이제, 저는 미국의 대통령이 될 것입니다. 저를 뽑아주신 분들뿐만 아니라 제게 투표하지 않은 분들을 위해서도 최선을 다해 열심히 일하겠습니다.

이제, 미국에서의 악마화의 이 암울한 시대를 끝내도록 합시다.

word tip!

vitality 활력 relish 즐기다 convert 전환시키다 bedrock 기반 era 시대

The refusal of Democrats and Republicans to cooperate with one another is not due to some **mysterious** force beyond our control.

It's a decision. It's a choice we make.

And if we can decide not to cooperate, then we can decide to cooperate. And I believe that this is part of the mandate from the American people. They want us to **cooperate**.

That's the choice I'll make. And I call on the Congress — Democrats and Republicans alike — to make that choice with me.

The American story is about the slow, yet **steady** widening of opportunity.

Make no mistake: Too many dreams have been **deferred** for too long.

We must make the promise of the country real for everybody — no matter their race, their **ethnicity**, their faith, their identity, or their disability.

America has always been shaped by inflection points — by moments in time where we've made hard decisions about who we are and what we want to be.

민주당원과 공화당원이 서로 협력을 거부하는 것은 우리 통제를 초월하는 어떤 신비로운 힘때문이 아닙니다.

그것은 결정입니다. 우리가 하는 선택입니다.

우리가 협력하지 않겠다고 결심할 수 있다면, 우리는 협력하겠다고 결심할 수도 있습니다. 그리고 이것이 미국 국민들의 명령 중 일부라고 저는 믿고 있습니다. 국민들은 우리가 협력하길 원합니다.

그것은 제가 내리는 결정입니다. 그리고 저는 의회에 민주당과 공화당에 똑같이 저와 함께 그러한 선택을 하도록 요구합니다.

미국인들의 이야기는 느리지만 꾸준한 기회의 확장에 관한 것입니다.

실수하지 맙시다: 너무나 많은 꿈이 너무 오랫동안 방해받고 있습니다.

우리는 국가의 약속을 누구에게나 인종, 민족, 신념, 정체성 혹은 장애와 상관없이 실현되도록 해야 합니다.

미국은 항상, 우리는 누구이고, 우리는 무엇을 원하는가에 대한 어려운 결정을 내리는 순간, 변곡점에 의해서 모습을 갖추어왔습니다.

word tip!

mysterious 신비한 cooperate 협조하다 steady 꾸준한 defer 미루다 ethnicity 민족성

Lincoln in 1860 — coming to save the Union.

F.D.R. in 1932 — promising a **beleaguered** country a New Deal.

J.F.K. in 1960 — pledging a New Frontier.

And 12 years ago — when Barack Obama made history — and told us, "Yes, we can."

We stand again at an inflection point. We have the opportunity to defeat **despair** and to build a nation of prosperity and purpose.

We can do it. I know we can.

I've long talked about the battle for the soul of America.

We must restore the soul of America.

Our nation is shaped by the constant battle between our better angels and our darkest **impulses**.

It is time for our better angels to prevail.

Tonight, the whole world is watching America. I believe at our best America is a **beacon** for the globe.

And we lead not by the example of our power, but by the power of our example.

I've always believed we can define America in one word: possibilities.

링컨 대통령은 1860년에 연합을 구하고.

루즈벨트 대통령은 1932년에 어려움에 빠진 국가에 뉴딜을 약속하고.

케네디 대통령은 1960년에 뉴 프론티어를 약속하고.

그리고 12년 전, 오바마 대통령은 역사를 만들며 우리에게 "예, 우리는 할 수 있어요"라고 말했습니다.

우리는 다시 한번 변곡점에 섰습니다. 우리는 절망을 물리치고 국가의 번영과 결의를 세울 기회를 갖게 되었습니다.

우리는 해낼 수 있습니다. 우리가 해낼 수 있다는 것을 저는 알고 있습니다.

저는 오랫동안 미국 정신의 투쟁에 대해 이야기해왔습니다.

우리는 미국의 정신을 되살려야 합니다.

우리나라는 보다 선한 천사와 우리의 가장 암울한 충동 사이의 끊임없는 투쟁으로 형성되었습니다.

이제 보다 선한 천사가 승리해야 할 때가 되었습니다.

오늘 밤, 전 세계가 미국을 보고 있습니다. 저는 우리가 최선을 다하면 미국은 전 세계의 모범이 된다고 믿습니다.

그리고 우리는 우리의 힘을 보여주어서가 아니라 우리의 모범이 갖는 힘에 의해서 이끌고 있습니다.

저는 미국을 가능성이라는 한 단어로 정의할 수 있다고 항상 믿고 있습니다.

word tip!

beleaguered 포위된 despair 절망 impulse 충동 beacon 신호등

That in America everyone should be given the opportunity to go as far as their dreams and **God-given** ability will take them.

You see, I believe in the possibility of this country.

We're always looking ahead.
Ahead to an America that's freer and more just.
Ahead to an America that creates jobs with dignity and respect.
Ahead to an America that cures disease — like cancer and **Alzheimers**.
Ahead to an America that never leaves anyone behind.
Ahead to an America that never gives up, never gives in.

This is a great nation.

And we are a good people.

This is the United States of America.

And there has never been anything we haven't been able to do when we've done it together.

미국에서는 누구나 자신의 꿈과 신이 부여한 능력이 허락하는 만큼 나아갈 수 있는 기회가 주어져야 한다고 믿습니다.

우리나라의 가능성을 제가 믿고 있다는 것을 당신은 알고 있습니다.

우리는 항상 기대하고 있습니다.
보다 자유롭고 보다 정의로운 미국을 기대합니다.
품위 있고 존경받는 일자리를 만드는 미국을 기대합니다.
암이나 치매와 같은 질병을 치료할 수 있는 미국을 기대합니다.

누구도 뒤처지지 않는 미국을 기대합니다.
누구도 뒤처져있도록 버려두지 않는 미국을 기대합니다.

미국은 위대한 나라입니다.

우리는 훌륭한 국민입니다

이곳은 미국입니다.

우리가 함께한다면 할 수 없는 것이 존재하지 않습니다.

word tip!
God-given 하느님이 주신 천부적인   Alzheimers 알츠하이머 병, 노인성 치매

In the last days of the campaign, I've been thinking about a **hymn** that means a lot to me and to my family, particularly my deceased son, Beau. It captures the faith that **sustains** me and which I believe sustains America.

And I hope it can provide some comfort and **solace** to the more than 230,000 families who have lost a loved one to this terrible virus this year. My heart goes out to each and every one of you. Hopefully this hymn gives you solace as well.

"And He will raise you up on eagle's wings,
Bear you on the breath of dawn,
Make you to shine like the sun,
And hold you in the **palm** of His Hand."

And now, together — on eagle's wings — we **embark** on the work that God and history have called upon us to do.

With full hearts and steady hands, with faith in America and in each other, with a love of country — and a thirst for justice — let us be the nation that we know we can be.

선거운동의 마지막 날에, 저는 저와 우리 가족 특히 유명을 달리한 아들 보에게 의미가 큰 찬송가에 대해 생각을 했습니다. 그 찬송은 저를 지탱해 주는 믿음을 담고 있으며 그것은 미국을 지탱하도록 도와준다고 믿습니다.

　　올해 이 끔찍한 바이러스에 사랑하는 사람을 잃은 23만 이상의 가족들에게 위안과 위로가 될 수 있기를 바랍니다. 이 찬송이 또한 여러분들에게 위안이 될 수 있기를 바랍니다..

　　"그리고 주가 너를 독수리 날개 위에 세우고
　　너를 새벽의 숨결로 데려가
　　너를 태양같이 빛나게 하고
　　너를 주의 손바닥에 두네."

　　그리고 이제 함께 - 독수리 날개 위에 - 우리는 신과 역사가 우리가 하도록 요구하는 일을 시작합니다.

　　온 마음과 꾸준한 노력으로 미국과 서로에 대한 믿음으로, 조국에 대한 사랑으로 그리고 정의를 향한 갈증으로 우리는 우리가 가능하다고 알고 있는 우리의 조국이 되도록 합시다.

word tip!
hymn 찬가　sustain 지탱하다　solace 위안, 위로　palm 손바닥　embark 승선하다

A nation united.

A nation **strengthened**.

A nation **healed**.

The United States of America.

God bless you.

And may God protect our troops.

통일된 국가.

힘을 갖춘 국가.

치료된 국가.

미국.

신의 은총이 있기를

우리의 군대를 신이시여 보호하소서.

word tip!
strengthen 강화되다, 강력해지다 heal 치유되다, 낫다

Thanksgiving Address

★   My fellow Americans: Thanksgiving is a special time in America.
★ A time to **reflect** on what the year has brought, and to think about
★ what lies ahead. The first national day of Thanksgiving, authorized
★ by the Continental Congress, took place on December 18th, 1777.
★ It was celebrated by General George Washington and his **troops** at
Gulph Mills on the way to Valley Forge. It took place under harsh
conditions and **deprivations** — lacking food, clothing, shelter. They
were preparing to ride out a long hard winter. Today, you can find a
plaque in Gulph Mills marking that moment. It reads in part — "This
Thanksgiving in spite of the suffering-showed the reverence and
character that was forging the soul of a nation."

Faith, courage, sacrifice, service to country, service to each other, and
gratitude even in the face of suffering, have long been part of what
Thanksgiving means in America. Looking back over our history you'll
see that it's been in the most difficult of circumstances that the soul of
our nation has been **forged**.

Now, we find ourselves again facing a long, hard winter. We have
fought a nearly year-long battle with a virus in this nation. It's brought
us pain and loss and **frustration**, and it has cost so many lives. 260,000
Americans — and counting. It has divided us. Angered us. And set us
against one another.

추수 감사절 연설

미국민 여러분! 이 추수감사절은 미국에서 특별한 명절입니다. 한 해 동안 일어난 일을 되돌아보고, 앞에는 어떤 일이 기다리고 있을지 생각해 보는 시간입니다. 대륙회의가 공인한 첫 번째 추수감사절은 1777년 12월 18일이었습니다. 조지 워싱턴 장군과 그의 부대가 밸리 포즈로 가는 길에 걸프 밀즈에서 추수감사절을 맞았습니다. 먹을 것, 입을 것, 쉴 곳이 부족한 힘들고 곤궁한 상황에서 추수감사절 의식을 거행했습니다. 그들은 길고 힘든 겨울을 준비하고 있었습니다. 걸프 밀즈에 있는 현판에서 그 당시를 묘사한 것을 볼 수 있습니다. 현판에는 다음과 같은 부분이 있습니다. "고통에도 불구하고 이 추수감사는 우리나라 정신을 이루는 존경과 특성을 보여준다. 한 나라의 정신을 만들어낸다."

믿음, 용기, 희생, 국가에 대한 봉사, 서로에 대한 봉사, 고통에 직면해서도 감사는 것은 미국에서 추수감사가 의미하는 것입니다. 우리나라의 역사를 뒤돌아보면, 우리나라의 정신이 만들어지는 것은 가장 힘든 상황에 처해있을 때였다는 것을 알 수 있습니다.

이제 우리는 또다시 길고 힘든 겨울을 앞두고 있습니다. 우리는 거의 1년간 바이러스와 싸움을 하고 있습니다. 우리에게 고통과 손실과 좌절을 안겨주었고, 수많은 목숨을 앗아갔습니다. 26만 명의 미국인이 목숨을 잃었고 희생은 계속되고 있습니다. 이 질병은 우리를 갈라놓았습니다. 우리를 화나게 만들었습니다. 서로를 적대시하게 만들었습니다.

word tip!
reflect 반영하다 troop 부대, 무리 deprivation 박탈[부족] forge 구축하다 frustration 불만, 좌절감

I know the country has grown weary of the fight. But we need to remember we're at a war with a virus — not with each other. This is the moment where we need to steel our spines, **redouble** our efforts, and **recommit** ourselves to the fight. Let's remember — we are all in this together. For so many of us, it's hard to hear that this fight isn't over, that we still have months of this battle ahead of us.

And for those who have lost loved ones, I know this time of year is especially difficult. Believe me, I know. I remember that first Thanksgiving. The empty chair, the silence. It takes your breath away. It's hard to care. It's hard to give thanks. It's hard to look forward. And it's so hard to hope. I understand. I will be thinking and **praying** for each and every one of you at our Thanksgiving table because we've been there. This year, we're asking Americans to **forego** many of the traditions that have long made this holiday such a special one. For our family, we've had a 40 plus year tradition of traveling over Thanksgiving, a tradition we've kept every year save one — the year after our son Beau died. But this year, we'll be staying home. We have always had big family **gatherings** at Thanksgiving. Kids, grandkids, aunts, uncles, and more.

우리나라는 싸움에 지쳤다는 것을 알고 있습니다. 하지만 우리는 서로가 아니라 바이러스와 싸움을 하고 있다는 것을 기억해야 합니다. 지금은 우리의 뼈대를 튼튼히 하고, 우리의 노력을 배가하며, 우리가 다시 싸움에 나서야 할 때입니다. 우리는 이일에 모두 함께 하고 있다는 것을 잊지 마세요. 많은 사람들에게, 아직 싸움이 끝나지 않았고, 아직도 여러 달 동안 이 싸움이 계속된다는 말을 듣는 것이 견디기 힘들 것입니다.

사랑하는 이를 잃은 분들에게, 해마다 이 무렵이 특히 힘들다는 것을 저는 알고 있습니다. 진실로 알고 있습니다. 그런 첫 번째 추수감사절이 생각납니다. 빈 의자, 그리고 침묵. 여러분의 숨소리를 빼앗아 갑니다. 남들에게 신경 쓰는 것이 어렵습니다. 감사하는 것이 어렵습니다. 앞날을 그려보는 것이 어렵습니다. 희망을 갖는 것이 너무나 힘듭니다. 이해합니다. 저와 제 가족들이 그랬었기 때문에 제 추수감사절 테이블에서 여러분 한 명 한 명을 생각하고 기도하겠습니다. 올해 우리는 국민 여러분들께 이 명절이 특별한 것으로 만든 오랜 전통들을 건너뛰도록 부탁했습니다. 제 가족도, 매년 추수감사절을 보내기 위해 먼 길을 여행하는 40년 이상된 전통이 있는 데, 단 한 번 아들 보가 세상을 떠난 다음 해를 제외하고는 계속된 전통입니다. 하지만 올해는, 집에 머물 것입니다. 우리는 추수감사절에 많은 사람들이 모입니다. 아이들, 손주들, 숙모, 아저씨 등등.

word tip!
redouble 배가하다 recommit 다시 위탁하다 pray 기도하다 forego 앞서다 gatherings 모임

For the Bidens, the days around Thanksgiving have always been a time to remember all we had to be grateful for, and a time to welcome the Christmas Season. But this year, because we care so much for each other, we're going to be having **separate** Thanksgivings. For Jill and I, we'll be at home in Delaware with our daughter and son-in-law. So, I know. I know how hard it is to forego family traditions, but it is so very important. Our country is in the middle of a dramatic **spike** in cases. We're now averaging over 160,000 new cases a day. And no one will be surprised if we hit 200,000 cases in a single day. Many local health systems are at risk of being **overwhelmed**. That is the plain and simple truth, and I believe you deserve to always hear the truth from your president.

We have to try to slow the growth of the virus. We owe that to the doctors, the nurses, and the other front-line health care workers who have risked so much and **heroically** battled this virus for so long. We owe that to our fellow citizens who will need access to hospital beds and the care to fight this disease. And we owe it to one another — it's our **patriotic** duty as Americans. That means wearing masks, keeping social distancing, and limiting the size of any groups we're in. Until we have a vaccine, these are our most effective tools to combat the virus. Starting on Day One of my presidency, we will take steps that will change the course of the disease.

바이든 집안사람들에게 추수감사절 무렵은 감사해야 할 것이 있다는 것을 기억하고 크리스마스 명절을 고대하는 시기입니다. 하지만, 올해는 서로를 더 많이 신경 써야 하기 때문에, 우리는 각자 추수감사절을 보내기로 했습니다. 질과 저는 델라웨어 있는 집에서 딸과 사위와 함께 보낼 것입니다. 알고 있습니다. 가족의 전통을 건너뛰는 것이 얼마나 힘든지 알고 있지만, 그것이 너무나 중요합니다. 우리나라는 확진자가 극적으로 증가하는 와중에 있습니다. 지금 우리나라는 일일 평균 16만 명 이상의 새로운 확진자가 나오고 있습니다. 하루에 20만 명의 확진자가 나온다고 해도 놀라지 않을 것입니다. 많은 지역의 의료시스템이 붕괴의 위험에 처해있습니다. 그것은 명백한 진실이고, 여러분들은 대통령에게서 항상 진실을 들을 자격이 있다고 저는 믿고 있습니다.

　우리는 바이러스의 확산을 늦추기 위해 노력해야 합니다. 우리는 많은 위험을 감수하며 바이러스와 그렇게 오랫동안 영웅적인 싸움을 하고 의사들, 간호사들과 최전선에 있는 건강의료종사자들에게 감사를 드려야 합니다. 병원에서 이 질병과 싸우고 있는 국민들께 감사를 드려야 합니다. 우리는 서로에게 감사해야 하며, 이것은 미국인으로서 우리의 애국적인 의무입니다. 그것은 마스크를 착용하고, 사회적 거리를 유지하고, 모이는 사람의 수를 제한하는 것입니다. 이러한 것들이 백신이 나오기 전까지는 바이러스와 맞서 싸우는 가장 효과적인 수단입니다. 저의 대통령 임기 첫날부터, 이 질병의 방향을 바꾸게 될 조치를 취하겠습니다.

word tip!

separate 따로 떨어진 spike 못, (못같이) 뾰족한 것
overwhelm 어쩔 줄 모르게 만들다 heroically 영웅답게, 용맹스럽게 patriotic 애국적인

More testing will find people with cases and get them away from other people, slowing the number of infections. More protective **gear** for businesses and schools will do the same — reducing the number of cases. Clear guidance will get more businesses and more schools open. We all have a role to play in beating this crisis. The federal government has **vast** powers to combat this virus. And I commit to you I will use all those powers to lead a national coordinated response. But the federal government can't do it alone. Each of us has a responsibility in our own lives to do what we can to slow the virus. Every decision we make matters. Every decision we make can save a life. None of these steps we're asking people to take are political statements. Every one of them is based in science.

The good news is, that there has been significant, **record-breaking** progress made recently in developing a vaccine. Several of these vaccines look to be **extraordinarily** effective. And it appears that we are on track for the first **immunizations** to begin by late December or early January. Then, we will need to put in place a distribution plan to get the entire country immunized as soon as possible, which we will do. But it's going to take time.

보다 많은 검사는 증상이 있는 사람들을 찾아내서 다른 사람들과 격리시키고, 감염자의 수를 줄일 것입니다. 기업과 학교의 보다 많은 보호장비도 확진자의 수를 줄이는 기능을 할 것입니다. 명확한 지침은 보다 많은 기업과 학교가 문을 열수 있게 해줄 것입니다. 우리는 이 위기를 물리치는 데 필요한 역할을 할 것입니다. 연방정부는 이 바이러스와 싸울 수 있는 엄청난 능력을 가지고 있습니다. 전국적으로 협동 대응을 이루기 위해 이러한 모든 능력을 사용하겠습니다. 하지만 연방정부 혼자 할 수 있는 것이 아닙니다. 우리의 생활에서 바이러스의 확산을 늦출 수 있는 것을 실행하는 책임이 우리 각자에게 있습니다. 우리가 내리는 모든 결정이 중요합니다. 우리가 내리는 모든 결정은 생명을 구할 수 있습니다. 국민 여러분들께 요청하는 모든 조치는 정치적인 주장이 아닙니다. 모든 것은 과학적 근거가 있습니다.

　좋은 소식은 최근에 백신 개발에 있어서 중요하고 획기적인 진전이 있다는 것입니다. 이러한 백신 중 몇몇은 특히 효과가 있는 것 같습니다. 우리는 12월 하순이나 1월 초순까지 최초의 백신 접종이 가능할 것 같습니다. 그러면, 우리는 가능한 한 전 국민이 백신 접종을 할 수 있도록 배분계획을 수립하는 것이 필요할 것이며, 우리는 그러한 일을 수행할 것입니다. 하지만 시간이 걸리는 일입니다.

word tip!

gear 장비　vast 어마어마한　record-breaking 기록적인　extraordinarily 비상하게　immunizations 예방 접종

I'm hoping the news of a vaccine will serve as an incentive to every American to take these simple steps to get control of this virus. There is real hope, **tangible** hope. So hang on. Don't let yourself surrender to the fatigue. I know we can and we will beat this virus. America is not going to lose this war. You will get your lives back. Life is going to return to normal. That will happen. This will not last forever. So yes, this has been a hard year, but I still believe we have much to be thankful for. Much to hope for. Much to build upon. Much to dream of.

Here's the America I see, and I believe it's the America you see, too: An America that faces facts. An America that overcomes challenges. An America where we seek justice and equality for all people. An America that holds fast to the conviction that out of pain comes possibility; out of frustration, progress; out of division, unity. In our finest hours, that's who we've always been, and it's who we shall be again, for I believe that this **grim** season of division and **demonization** will give way to a year of light and unity. Why do I think so? Because America is a nation not of adversaries, but of neighbors. Not of **limitation**, but of possibility. Not of dreams deferred, but of dreams realized. I've said it many times: This is a great country and we are a good people. This is the United States of America. And there has never been anything we haven't been able to do when we've done it together.

백신에 대한 소식이 이 바이러스를 억제하는 이러한 간단한 절차를 전 미국인들이 실행하는데 지원책이 되길 기대합니다. 실질적인 희망, 실현 가능한 희망입니다. 그러니 기다려봅시다. 여러분들은 지쳐서 포기하지 마세요. 우리는 이 바이러스를 물리칠 수 있고 물리칠 것이라는 것을 알고 있습니다. 미국은 이 싸움에 패배하지 않을 것입니다. 여러분들은 여러분들의 일상을 되찾게 될 것입니다. 삶은 일상으로 복귀할 것입니다. 그런 일이 일어날 것입니다. 이런 상황이 영원히 계속되지 않을 것입니다. 그렇습니다. 올해는 힘든 해였지만, 우리는 감사해야 할 일 이 많다는 것고 믿고 있습니다. 희망을 가질 일이 많습니다. 세워야 할 것이 많습니다. 꿈꿔야 할 것이 많습니다.

사실에 직면하는 미국, 이것이 제가 보는 미국이고, 여러분들이 보고 있는 미국이라고 믿습니다. 도전을 물리치는 미국. 모든 사람들에 대한 정의와 평등을 찾는 미국. 고통으로부터 가능성이 나오고, 좌절로부터 전진이, 분열로부터 단합이 나온다는 확신을 고수하는 미국. 우리의 최고 절정기에, 우리가 바로 그런 모습이었고, 우리는 다시 그러한 모습이 될 것입니다. 그 이유는 이 암울한 분열과 악마화의 시기가 빛과 통합의 시대에 길을 내주게 된다고 믿고 있기 때문입니다. 이렇게 생각하는 이유가 무엇일까요? 미국은 적들의 나라가 아니라 이웃들의 나라입니다. 제한의 나라가 아니라 가능성의 나라입니다. 꿈의 실현이 방해받는 나라가 아니라 꿈이 실현되는 나라입니다. 여러 번 말했듯이, 이 나라는 위대한 나라이고, 우리는 훌륭한 국민입니다. 이것이 바로 미국입니다. 그리고 우리가 함께 한다면, 우리가 해내지 못할 일이 없습니다.

word tip!
tangible 분명히 실재하는 grim 암울한 demonization 악마화 limitation 국한[제한/한정]

Think of what we've come through: centuries of human **enslavement**; a **cataclysmic** Civil War; the exclusion of women from the ballot box; World Wars; Jim Crow; a long twilight struggle against Soviet tyranny that could have ended not with the fall of the Berlin Wall, but in nuclear Armageddon. I'm not naïve. I know that history is just that: history. But to know what's come before can help arm us against despair. Knowing the previous generations got through the same universal human challenges that we face: the tension between selfishness and generosity, between fear and hope, between division and unity.

And what was it that brought the reality of America into closer **alignment** with its promise of equality, justice, and prosperity? It was love. Plain and simple. Love of country and love for one another. We don't talk much about love in our politics. The public **arena** is too loud, too angry, too heated. To love our neighbors as ourselves is a radical act, yet it's what we're called to do. And we must try, for only in trying, only in listening, only in seeing ourselves as bound together in what Dr. King called a "mutual garment of destiny" can we rise above our divisions and truly heal. America has never been perfect. But we've always tried to fulfill the **aspiration** of the Declaration of Independence: that all people are created equal, created in the image of God. And we have always sought "to form that more perfect union."

우리가 겪어 온 것을 생각해 보세요. 수 세기 동안의 인간 노예제, 무시무시한 남북전쟁, 여성의 참정권 배제, 세계 대전, 인종차별, 베를린 장벽의 붕괴로 인해서가 아니라 핵무기의 대재앙에 의해 끝날 수도 있었던 소련 독재 체제와의 오랜 투쟁 등. 제가 순진한 것이 아닙니다. 역사는 바로 그런 것이라는 것을 압니다. 그러나 이전에 있었던 일이 절망에 대비하게 도움을 준다는 것을 압니다. 이기심과 관용, 두려움과 희망, 분열과 통합 사이의 긴장과 같은 우리가 경험하고 있는 인류 보편의 어려움들을 우리의 이전 세대들이 겪어왔다는 것을 알고 있습니다.

미국의 실상이 미국의 평등, 정의와 번영의 약속과 보다 근접하게 만들어주는 것은 무엇일까요? 사랑이었습니다. 명확하고도 단순합니다. 국가에 대한 사랑과 서로에 대한 사랑. 우리는 정치에서 사랑을 그다지 많이 이야기하지는 않습니다. 공공의 광장은 너무 시끄럽고, 너무 화나있으며, 너무 흥분해 있습니다. 이웃을 우리의 몸같이 사랑하는 것은 극단적인 행위이지만, 우리가 해야만 하는 것입니다. 우리는 시도를 해야 합니다. 시도하는 것에서, 듣는 것에서, 킹목사가 "공동운명의 옷"이라고 불렀던 것에 함께 엮여있는 것을 보게 되면, 우리는 우리의 분열을 떨치고 일어나 진정한 치유를 할 수 있습니다. 미국은 결코 완벽한 나라가 아니었습니다. 하지만, 모든 인간은 평등하게 신의 모습을 본떠 창조되었다는 독립선언의 강렬한 소망을 달성하기 위해 항상 노력해왔습니다. 우리는 항상 "보다 완벽한 연합체를 이루는" 방법을 찾고 있습니다.

word tip!

enslavement 노예화 cataclysmic 격변하는 alignment 가지런함 arena 무대 aspiration 열망

What should we give thanks for in this season? First, let us be thankful for democracy itself. In this election year, we have seen record numbers of Americans exercise their most **sacred** right — that of the vote — to register their will at the ballot box. Think about that. In the middle of a pandemic, more people voted this year than have ever voted in the history of America. Over 150 million people cast a ballot. That is simply extraordinary. If you want to know what beats deep in the heart of America, it's this: democracy. The right to **determine** our lives, our government, our leaders. The right to be heard.

Our democracy was tested this year. And what we learned is this: The people of this nation are up to the task. In America, we have full and fair and free elections, and then we honor the results. The people of this nation and the laws of the land won't stand for anything else. Through the vote — the noblest instrument of **nonviolent protest** ever conceived — we are reminded anew that progress is possible. That "We the People" have the power to change what Jefferson called "the course of human events." That with our hearts and hands and voices, today can be better than yesterday, and tomorrow can be better still.

이러한 시기에 무엇에 대해 감사를 해야 할까요? 먼저, 민주주의 자체에 대해 감사해야 합니다. 올해 선거의 해에, 우리는 기록적으로 많은 미국인들이 투표함에 자신들의 의지를 새겨 넣는 가장 신성한 권리 - 투표권을 행사하는 것을 보았습니다. 그것에 대해 생각해 봅시다. 대유행병의 와중에, 미국 역사상 그 어느 때보다 많은 미국인들이 투표를 했습니다. 1억 5천만 명 이상의 사람들이 표를 던졌습니다. 그것은 확실해 대단한 것입니다. 미국의 가슴 깊은 곳에서 무엇이 울리고 있는지 알고 싶다면, 바로 이것, 민주주의입니다. 우리의 삶, 우리의 정부, 우리의 지도자를 결정하는 권리. 우리의 목소리를 낼 수 있는 권리입니다.

우리의 민주주의는 올해 시험되었습니다. 우리가 배운 것은 우리나라 국민들은 준비가 되어있다는 것입니다. 미국에서, 우리는 전 국민이 공정하고 자유로운 선거를 했고 그 결과를 존중합니다. 우리나라의 국민들과 우리나라의 법률은 다른 어떤 것도 지지하지 않습니다. 표현된 비폭력 저항의 가장 숭고한 수단인 투표를 통해서 우리는 진보가 가능하다는 것을 새롭게 깨닫게 되었습니다. "우리 국민"은 제퍼슨이 "인간사의 과정"이라고 했던 것을 바꿀 수 있는 힘을 가지고 있습니다. 우리의 마음과 손과 목소리가 있다면, 오늘은 어제보다 더 좋고 내일은 한 층 더 좋을 것입니다.

word tip!

sacred 성스러운 determine 알아내다, 밝히다 nonviolent 비폭력(주의, 정책)의 protest 항의(운동), 시위

We should be thankful, too, that America is a covenant and an unfolding story. We have what we need to create prosperity, opportunity and justice: Americans have grit and generosity, a capacity for greatness and **reservoirs** of goodness. We have what it takes. Now we must act. And this is our moment — ours together — to write a newer, bolder, more **compassionate** chapter in the life of our nation. The work ahead will not be easy. And it will not be quick. You want solutions, not shouting. Reason, not **hyper-partisanship**. Light, not heat. You want us to hear one another again, see one another again, respect one another again. You want us — Democrats and Republicans and Independents — to come together and work together. And that, my friends, is what I am determined to do.

Americans dream big. And, as hard as it may seem this Thanksgiving, we are going to dream big again. Our future is bright. In fact, I have never been more **optimistic** about the future of America than I am right now. I believe the 21st Century is going to be an American Century. We are going to build an economy that leads the world. We are going to lead the world by the power of our example — not the example of our power.

미국은 약속이고 열려있는 이야기라는 것에 또한 감사해야 합니다. 번영, 기회와 정의를 이루기 위해 필요한 것을 가지고 있습니다. 미국인들은 불굴의 정신과 관용, 위대함과 선함의 능력을 가지고 있습니다. 우리는 필요한 것을 가지고 있습니다. 우리는 이제 행동해야 합니다. 지금은 우리가 함께 우리나라의 일대기에 보다 새롭고 더 대담하고 보다 동정적인 장을 쓰는 순간입니다. 우리 앞에 있는 과제는 쉽지 않을 것입니다. 빨리 이룰 수도 없을 것입니다. 우리는 고함이 아니라 해결책을 원합니다. 강력한 당파성이 아니라 이성을 원합니다. 열기가 아니라 빛을 원합니다. 여러분들은 우리가 다시 서로에 귀를 기울여 듣고, 서로를 다시 바라보고, 서로를 다시 존경하는 것을 원합니다. 국민들은 우리들 민주당원, 공화당원, 그리고 무당파들이 함께 모여 함께 일하는 것을 원합니다. 그것이 바로 제가 하려고 결심한 것입니다.

미국인들은 큰 꿈을 꿉니다. 이번 추수감사절은 어려워 보이지만, 우리는 다시 크게 꿈꿀 것입니다. 우리의 미래는 밝습니다. 사실 바로 이 순간보다 미국의 미래에 대해 더 낙관적인 적이 없습니다. 21세기는 미국의 세기가 될 것이라고 믿고 있습니다. 우리는 세계를 선도하는 경제를 이룩할 것입니다. 우리는 무력의 과시를 통해서가 아니라 우리의 예시가 갖는 힘으로 세계를 이끌 것입니다

word tip!

reservoir 저수지 compassionate 연민 어린 hyper-partisanship 과당주의 optimistic 낙관적인

We are going to lead the world on climate and save the planet. We are going to find cures for cancer and Alzheimer's and **diabetes**. And we are going to finally root out systemic racism in our country. On this Thanksgiving, and in **anticipation** of all the Thanksgivings to come, let us dream again. Let us commit ourselves to thinking not only of ourselves but of others. For if we care for one another — if we open our arms rather than **brandish** our fists — we can, with God's help, heal.

And if we do, and I am sure we can, we can **proclaim** with the **Psalmist** who wrote: "The Lord is my strength and my shield … and with my song I give thanks to him." And I give thanks now: for you and for the trust you have placed in me. Together, we will lift our voices in the coming months and years, and our song shall be of lives saved, breaches repaired, and a nation made whole. From the Biden family to yours, wherever and however you may be celebrating, we wish you a Happy Thanksgiving.

God bless you, and may God protect our troops.

우리는 기후 문제에 있어서 세계를 이끌고 이 지구를 구하게 될 것입니다. 우리는 암과 치매, 당뇨병과 같은 질병 치료법을 찾을 것입니다. 우리는 우리나라에서 제도적 인종차별을 마침내 제거하게 될 것입니다. 이번 추수감사절과 앞으로 맞게 될 모든 추수감사절을 기대하며, 우리가 다시 한번 꿈을 꾸어봅시다. 우리 자신만이 아닌 다른 사람들을 생각해 봅시다. 주먹을 휘두르는 대신 우리의 팔을 벌려 우리가 서로를 염려하면, 우리는 신의 도움으로 치유를 할 수 있습니다.

할 수 있다고 확신하는 데, 우리가 행한다면, 우리는 다음과 같은 시편을 작성했던 다윗의 "여호와는 나의 힘이요 나의 방패이시니 ... 내 노래로 저를 찬송하리로다" 라는 구절을 소리 높여 노래할 수 있습니다. 이제 감사를 드립니다. 여러분들에게 그리고 제게 보내준 신뢰에 감사 드립니다. 함께 몇 달, 몇 년 후 우리의 목소리를 높이고 우리의 노래는 생명을 구하고, 갈라진 틈을 메우고, 국가를 하나로 만드는 것이 될 것입니다. 바이든 가족들은 국민 여러분들께 어디에서 어떻게 명절을 보내든, 우리는 행복한 추수감사절이 되길 기원합니다.

신의 축복이 함께하고 신이시여 우리 군대를 지켜주소서.

word tip!
diabetes 당뇨병 anticipation 예상 brandish 휘두르다 proclaim 선언[선포]하다 psalmist 시편 작가

Kamala Harris: August 20, 2020.

Candidate Acceptance Speech

Greetings America.

It is truly an honor to be speaking with you.

That I am here tonight is a testament to the dedication of generations before me. Women and men who believed so **fiercely** in the promise of equality, liberty, and justice for all.

This week marks the 100th anniversary of the passage of the 19th **amendment**. And we celebrate the women who fought for that right.

Yet so many of the Black women who helped secure that victory were still prohibited from voting, long after its **ratification**.

But they were undeterred.

Without **fanfare** or recognition, they organized, testified, rallied, marched, and fought—not just for their vote, but for a seat at the table. These women and the generations that followed worked to make democracy and opportunity real in the lives of all of us who followed.

카멜라 해리스. 2020년 8월 20일

부통령 후보수락 연설

안녕하세요. 미국.

여러분들과 이야기하는 것은 진실로 영광스럽습니다.

제가 오늘 이 자리에 있다는 것은 제 앞선 수 세대 동안의 헌신의 증거입니다. 모두에 대한 평등, 자유와 정의의 약속을 그렇게 열렬하게 믿었던 여성들과 남성들의 헌신의 결과입니다.

이번 주에 19차 헌법 수정조항 통과의 100년 기념일이 있습니다.
그리고 우리는 그 권리를 위해 투쟁한 여성들을 기념합니다.

하지만, 그러한 승리를 확보하는 데 도움을 주었던 수많은 흑인 여성들은 비준 이후에도 오랫동안 여전히 투표가 금지되었습니다.

하지만 그들은 굴복하지 않았습니다.

과시하거나 인정받지 못했지만, 그들은 자신들의 투표권뿐만 아니라 논의의 과정에 참여 자격을 위해 조직하고, 증언하고, 시위하고, 행진하고 싸웠습니다. 이러한 여성들과 이후의 세대들은 민주주의와 기회가 뒤에 오는 우리 모두의 삶에서 실현되게 하기 위해 일했습니다

 word tip!

fiercely 사납게, 맹렬하게 amendment (법 등의) 개정 ratification 비준, 재가 fanfare 팡파르, 대대적인 축하

They **paved** the way for the trailblazing leadership of Barack Obama and Hillary Clinton.

And these women inspired us to pick up the **torch**, and fight on.

Women like Mary Church Terrell and Mary McCleod Bethune. Fannie Lou Hamer and Diane Nash. Constance Baker Motley and Shirley Chisholm.

We're not often taught their stories. But as Americans, we all stand on their shoulders.

There's another woman, whose name isn't known, whose story isn't shared. Another woman whose shoulders I stand on. And that's my mother—Shyamala Gopalan Harris.

She came here from India at age 19 to **pursue** her dream of curing cancer. At the University of California Berkeley, she met my father, Donald Harris—who had come from Jamaica to study economics.

They fell in love in that most American way—while marching together for justice in the civil rights movement of the 1960s.

In the streets of Oakland and Berkeley, I got a **stroller's**-eye view of people getting into what the great John Lewis called "good trouble."

그들은 버락 오바마와 힐러리 클린턴의 선구적 지도력의 초석을 이루었습니다.

이러한 여성들은 횃불을 들고 싸움을 계속하도록 우리를 격려했습니다.

메리 처치 테렐과 메리 맥클로우드 버쓴. 파니 로우 함머와 다이안 나쉬. 콘스탄스 베이커 마들리 와 셜리 취즘같은 여성들.

때때로 그들의 이야기는 우리 교육과정에 포함되지 못했습니다. 그러나 미국인으로서 우리 모두는 그들을 토대로 서있습니다.

이름이 알려지지 않고, 이야기를 듣지도 못한, 또 한 명의 여성이 있습니다. 저의 토대가 되어준 또 다른 여성입니다. 그분은 저의 어머니인 샤말라 고팔란 해리스입니다.

19세의 나이에 인도에서 암 치료의 꿈을 실현하기 위해 이곳에 왔습니다. 캘리포니아 버클리대학교에서, 경제학을 공부하기 위해 자메이카에서 온 아버지인 도날드 해리스를 만났습니다.

그들은 가장 미국적인 방식으로 1960년대 민권운동에서 정의를 위한 행진을 함께하는 동안 사랑에 빠졌습니다.

오클랜드와 버클리의 거리에서, 위대한 존 루이스가 "선량한 말썽" 이라고 했던 것에 사람들이 참여하는 것을 유모차에 타고 보았습니다.

word tip!

pave (널돌 · 벽돌 등으로) 포장하다 torch 횃불 pursue 추구하다 stroller 유모차

When I was 5, my parents split and my mother raised us mostly on her own. Like so many mothers, she worked around the **clock** to make it work—packing lunches before we woke up— and paying bills after we went to bed. Helping us with homework at the kitchen table—and **shuttling** us to church for choir practice.

She made it look easy, though I know it never was.

My mother **instilled** in my sister, Maya, and me the values that would chart the course of our lives.

She raised us to be proud, strong Black women. And she raised us to know and be proud of our Indian heritage.

She taught us to put family first—the family you're born into and the family you choose.

Family, is my husband Doug, who I met on a blind date set up by my best friend. Family is our beautiful children, Cole and Ella, who as you just heard, call me Momala. Family is my sister. Family is my best friend, my nieces and my godchildren. Family is my uncles, my aunts—my chitthis. Family is Mrs. Shelton—my second mother who lived two doors down and helped raise me. Family is my beloved Alpha Kappa Alpha...our Divine 9...and my HBCU brothers and sisters. Family is the friends I turned to when my mother—the most important person in my life—passed away from cancer.

다섯 살 때, 부모님은 헤어져 어머니가 대부분 혼자서 우리를 키웠습니다. 다른 많은 어머니들처럼, 그녀는 우리가 일어나기 전에 점심 도시락을 싸고 우리가 잠든 후에는 생활비를 벌기 위해 하루 종일 일했습니다. 주방의 테이블에서 우리의 숙제를 도와주고 교회 성가대 연습을 위해 교회에 데리고 다녔습니다.

어머니는 쉽게 하는 것 같았지만, 결코 그렇지 않다는 것을 저는 압니다.

어머니는 동생 마야와 저에게 인생 항로를 그리는 가치를 심어주었습니다.

어머니는 우리가 자랑스럽고 강인한 흑인 여성으로 키웠습니다. 인도의 전통을 알고 자랑스러워하도록 우리를 키웠습니다.

그녀는 여러분이 태어나고 여러분이 선택한 가족을 가장 우선하도록 가르쳤습니다.

가족은 친한 친구의 소개로 만난 더글러스가 남편이고, 예쁜 아이들 콜과 엘라, 여러분이 들으신 것처럼 저를 마멀라라고 부르는데, 이들이 가족입니다. 여동생이 가족입니다. 가장 친한 친구, 조카들, 그리고 손주들이 가족입니다. 아저씨, 숙모-이모들이 가족입니다. 셸턴여사, 우리 이웃에 살며 우리를 키우는 데 도움을 주신 어머니와 같은 분이신데, 저의 가족입니다. 알파 카파 알파, 디바인 나인, 그리고 흑인 대학의 형제자매들이 가족입니다. 저의 삶에서 가장 소중한 어머니가 암으로 세상을 떠나셨을 때 제가 의지할 수 있었던 친구들이 가족입니다.

📝 **word tip!**

clock (벽에 걸거나 실내에 두는) 시계 shuttle 오가다[왕복하다] instil (어떤 의식·느낌 등을 가지도록) 불어넣다

And even as she taught us to keep our family at the center of our world, she also pushed us to see a world beyond ourselves.

She taught us to be conscious and compassionate about the struggles of all people.

To believe public service is a noble cause and the fight for justice is a shared responsibility.

That led me to become a lawyer, a District Attorney, Attorney General, and a United States Senator.

And at every step of the way, I've been guided by the words I spoke from the first time I stood in a **courtroom**: Kamala Harris, For the People.

I've fought for children, and survivors of sexual **assault**. I've fought against **transnational** gangs. I took on the biggest banks, and helped take down one of the biggest **for-profit** colleges.

I know a **predator** when I see one.

어머니께서는 가족을 우리 세계의 중심에 두도록 가르치셨지만, 또한 우리 너머에 있는 세상을 보게 시키셨습니다.

　모든 사람들의 투쟁에 대해 의식하고 동정심을 갖도록 가르치셨습니다.

　공공에 대한 봉사는 고귀한 것이고 정의를 위한 투쟁은 공동의 책임이라고 믿도록 가르치셨습니다.

　그것이 제가 변호사가 되고 지방검사, 지방검사장 그리고 미국 상원 의원이 되게 했습니다.

　그 과정의 매 순간에 저는 법정에 처음 섰을 때 말했던, 국민을 위한 카멀라 해리스라는 말을 떠올리고 있습니다.

　저는 어린이를 위해서, 성폭력의 생존자들을 위해 싸웠습니다. 국제 갱단과 싸웠습니다. 가장 큰 규모의 은행과 맞서고, 가장 큰 영리 대학 중 하나를 무너뜨렸습니다.

　범죄자는 딱 보면 압니다.

word tip!
courtroom 법정 assault 폭행(죄) transnational 초국가적인 for-profit 영리 목적의
predator 포식자, 포식 동물

My mother taught me that service to others gives life purpose and meaning. And oh, how I wish she were here tonight but I know she's looking down on me from above. I keep thinking about that 25-year-old Indian woman—all of five feet tall—who gave birth to me at Kaiser Hospital in Oakland, California.

On that day, she probably could have never imagined that I would be standing before you now speaking these words: I accept your **nomination** for Vice President of the United States of America.

I do so, **committed** to the values she taught me. To the Word that teaches me to walk by faith, and not by sight. And to a vision passed on through generations of Americans—one that Joe Biden shares. A vision of our nation as a Beloved Community—where all are welcome, no matter what we look like, where we come from, or who we love.

A country where we may not agree on every detail, but we are united by the fundamental belief that every human being is of **infinite** worth, deserving of compassion, dignity and respect.

A country where we look out for one another, where we rise and fall as one, where we face our challenges, and celebrate our triumphs—together.

어머니는 다른 사람들을 위한 봉사는 삶의 목표와 의미를 준다고 가르쳐주셨습니다. 그리고 오늘 밤 이 자리에 어머니가 계셨으면 좋았을 텐데, 하지만 저 위에서 저를 내려 보고 계시다는 것을 알고 있습니다. 25세의 키가 기껏해야 150cm 정도의 인도 여성이 캘리포니아 오클랜드의 카이저 병원에서 저를 낳던 것을 그려봅니다.

그날, 아마도 어머니는 제가 이 자리에 서서 '저는 미국의 부통령 후보 지명을 수락합니다.' 라는 말을 여러분들 앞에서 하리라고는 상상도 하지 못했을 것입니다.

어머니께서 제게 가르쳐주신 가치들에 전념하며 그렇게 해냈습니다. 눈에 보이는 것이 아니라 신념을 가지고 걸어가라는 말을 지키며. 미국인들의 세대에서 세대로 전해진, 조 바이든도 공유하고 있는, 비전에 따라서. 어떤 생김새이든, 어디 출신이든, 혹은 누구를 사랑하든 관계없이, 모두가 환영받는 사랑하는 공동체로서의 우리나라에 대한 비전에 전력을 다했습니다.

모든 세세한 부분에서는 동의하지 못할 수는 있지만, 모든 인간은 무한한 가치가 있으며, 동정심과 존엄과 존경을 받을 자격이 있다는 근본적인 믿음으로 하나 되는 국가입니다.

서로서로를 보살피며, 하나로 상승하고 하락하고, 함께 우리가 도전에 직면하고 성공을 축하는 국가.

word tip!

nomination 지명, 추천 commit (엄숙히) 약속하다 infinite 한계가 없는, 무한한

Today... that country feels distant.

Donald Trump's failure of leadership has cost lives and livelihoods.

If you're a parent struggling with your child's remote learning, or you're a teacher struggling on the other side of that screen, you know that what we're doing right now isn't working.

And we are a nation that's **grieving**. Grieving the loss of life, the loss of jobs, the loss of opportunities, the loss of **normalcy**. And yes, the loss of certainty.

And while this virus touches us all, let's be honest, it is not an equal opportunity offender. Black, Latino and Indigenous people are suffering and dying **disproportionately**.

This is not a coincidence. It is the effect of structural racism.

Of inequities in education and technology, health care and housing, job security and transportation.

The injustice in reproductive and **maternal** health care. In the excessive use of force by police. And in our broader criminal justice system.

오늘날 그 국가가 멀리 있는 것처럼 느껴집니다.

도날드 트럼프 대통령의 지도력의 부족은 생명과 국민의 생활을 희생시키고 있습니다.

자녀의 원격 수업에 고생하는 부모라면, 비대면 수업을 받는 학생들에 대한 염려로 고민하는 교사라면, 지금 우리가 하고 있는 것은 지금 제 역할을 하지 못하고 있다는 것을 알고 있습니다.

우리는 비탄에 잠긴 국가입니다. 생명의 손실에, 일자리의 상실에, 기회의 상실에, 일상성의 사라짐에 슬퍼하고 있습니다. 그리고 확실성의 부재에도 슬퍼합니다.

솔직히 말해서, 이 바이러스는 우리 모두를 공격하지만, 모든 사람들에 똑같이 공격하는 것은 아닙니다. 흑인, 라티노, 그리고 원주민들은 비율에 맞지 않게 많이 고통받고 사망하고 있습니다.

이것은 우연이 아닙니다. 이것은 구조적 인종차별의 영향입니다.

교육과 과학기술, 건강보험과 주택, 직업안정성과 교통수단의 불평등의 영향입니다.

출산과 모성건강보험에서의 정의롭지 못함의 영향입니다. 경찰의 과도한 무력행사의 부당함의 영향입니다. 우리의 보다 광범위한 형사 사법체계의 부당함의 영향입니다.

word tip!
grieving 비통해하는 normalcy (경제 · 정치 · 사회 상태 따위가) 정상임 disproportionately 불균형적으로
maternal 어머니 같은, 모성의

This virus has no eyes, and yet it knows exactly how we see each other—and how we treat each other.

And let's be clear—there is no vaccine for racism. We've gotta do the work. For George Floyd. For Breonna Taylor. For the lives of too many others to name. For our children. For all of us. We've gotta do the work to **fulfill** that promise of equal justice under law. Because, none of us are free...until all of us are free...

We're at an inflection point. The constant chaos leaves us **adrift**. The **incompetence** makes us feel afraid. The **callousness** makes us feel alone. It's a lot.

And here's the thing: We can do better and deserve so much more.

We must elect a president who will bring something different, something better, and do the important work. A president who will bring all of us together—Black, White, Latino, Asian, Indigenous—to achieve the future we collectively want.

We must elect Joe Biden.

I knew Joe as Vice President. I knew Joe on the campaign trail. But I first got to know Joe as the father of my friend.

이 바이러스는 눈이 없지만, 우리가 서로를 어떻게 생각하고, 서로를 어떻게 대하는지 정확하게 알고 있습니다.

분명히 말씀드리겠습니다. 인종차별주의에는 예방약이 없습니다. 우리가 그 일을 해야 합니다. 조지 플로이드를 위해서, 브레오나 테일러를 위해서. 너무 많아 이름을 일일이 열거할 수 없는 사람들의 생명을 위해서. 우리들의 아이들을 위해서. 우리 모두를 위해서. 법 앞에서 평등한 정의 약속을 지키기 위한 일을 해야 합니다. 우리 모두가 자유로워지기 전에는, 우리 누구도 자유롭지 않기 때문입니다.

우리는 변곡점에 서있습니다. 계속되는 혼란은 우리를 방황하게 만들었습니다. 무능함은 우리를 두려움에 떨게 만들었습니다. 냉담함은 우리를 외롭게 만들었습니다. 엄청난 것입니다.

이제 해결책이 있습니다, 우리는 더 잘 할 수 있고 훨씬 더 그럴 자격이 있습니다.
다른 것을, 더 좋은 것을 가져오고, 그리고 더 중요한 일을 할 사람을 대통령으로 선출해야 합니다. 흑인, 백인, 라티노, 아시안, 원주민, 우리 모두를 우리가 모두 원하는 미래를 만들어내는 데 함께 하는 사람을 대통령으로 선출해야 합니다.

우리는 조 바이든을 대통령으로 선출해야 합니다.

저는 조를 부통령으로 알고 있었습니다. 저는 유세 여정 중에 조를 알게 되었습니다. 하지만 친구의 아버지로 조를 처음에 알았습니다

word tip!

fulfill 다하다, 이행하다 adrift 표류하는 incompetence 무능[기술 부족] callousness 무감각, 냉담

Joe's son, Beau, and I served as **Attorneys** General of our states, Delaware and California. During the Great Recession, we spoke on the phone nearly every day, working together to win back **billions** of dollars for homeowners from the big banks that foreclosed on people's homes.

And Beau and I would talk about his family.

How, as a single father, Joe would spend 4 hours every day riding the train back and forth from Wilmington to Washington. Beau and Hunter got to have breakfast every morning with their dad. They went to sleep every night with the sound of his voice reading bedtime stories. And while they endured an **unspeakable** loss, these two little boys always knew that they were deeply, **unconditionally** loved.

And what also moved me about Joe is the work he did, as he went back and forth. This is the leader who wrote the Violence Against Women Act—and enacted the Assault Weapons Ban. Who, as Vice President, **implemented** The Recovery Act, which brought our country back from The Great Recession. He championed The Affordable Care Act, protecting millions of Americans with pre-existing conditions. Who spent decades promoting American values and interests around the world, standing up with our allies and standing up to our adversaries.

조의 아들 보와 저는 각각 델라웨어 주와 캘리포니아 주의 검사장으로 일했습니다. 2007년 2008년 대공황 시기에 우리는 거의 매일 통화를 하며, 국민들의 집을 경매에 넘기는 거대 은행들을 상대로 수십억 달러의 돈을 주택 소유자들에게 찾아주었습니다.

보와 저는 그의 가족에 대해서도 이야기를 했었습니다.

아이들의 엄마 없이, 조가 윌밍턴에서 워싱턴까지 매일 4시간씩 기차로 왕복했고, 보와 헌터가 매일 아빠와 아침을 함께 먹었으며, 밤마다 침대 머리에서 책을 읽어주는 아버지의 음성을 들으며 잠이 들었으며, 말로 다할 수 없는 상실을 견뎌냈지만, 이 어린 두 아이들은 자기들이 깊이 절대적인 사랑을 받고 있다는 것을 항상 알고 있었다는 이야기를 들었습니다.

그리고 조에 대해 제가 감동한 것은, 기차로 왕복하면서, 그가 했던 일입니다. 여성에 대한 폭력 법안을 작성하고 공격용 무기 금지법을 입법한 지도자가 바로 이 사람입니다. 부통령일 때는, 경제 회생법을 실행했으며, 이 법안이 대공황으로부터 우리나라를 되살려놓았습니다. 그는 기저질환이 있는 수백만의 미국인들을 보호해 주는 적정부담 보험법을 지켜냈습니다. 수십 년 동안 전 세계에서 미국의 가치와 이익을 드높이고, 우리의 동맹들과 함께하며 우리의 적대자들과 맞서왔습니다.

word tip!
attorney 변호사 billion 10억 unspeakable 형언하기 힘든 unconditionally 무조건으로, 절대적으로
implement 시행하다

Right now, we have a president who turns our tragedies into political weapons.

Joe will be a president who turns our challenges into purpose.

Joe will bring us together to build an economy that doesn't leave anyone behind. Where a **good-paying** job is the floor, not the ceiling.

Joe will bring us together to end this pandemic and make sure that we are prepared for the next one.

Joe will bring us together to **squarely** face and **dismantle** racial injustice, furthering the work of generations.

Joe and I believe that we can build that Beloved Community, one that is strong and decent, just and kind. One in which we all can see ourselves.

That's the vision that our parents and grandparents fought for. The vision that made my own life possible. The vision that makes the American promise—for all its complexities and **imperfections**—a promise worth fighting for.

Make no mistake, the road ahead will not be not easy. We will **stumble**. We may fall short. But I pledge to you that we will act boldly and deal with our challenges honestly. We will speak truths. And we will act with the same faith in you that we ask you to place in us.

비극을 정치적 무기로 삼는 사람이 지금 우리의 대통령입니다.

조는 우리의 어려움을 우리의 목표가 되게 하는 대통령이 될 것입니다.

어느 누구도 뒤처지게 내버려 두지 않는 경제를 건설하는 데 우리 모두를 함께하게 만들 것입니다.

충분한 급여는 최고 한계가 아니라 토대입니다.

조는 우리 모두를 지금의 세계적 대 유행병의 종식을 가져오는 데 함께 하게 하고, 다음에 오게 될 질병에 대해 준비할 수 있게 할 것입니다.

조는 우리 모두를 똑바로 바라보게 하고, 인종 차별을 불식시켜, 오랫동안 이루어온 그 일이 더 전진하게 할 것입니다.

조와 저는 사랑하는 사회, 강력하고 품위있으며 공정하고 친절한 사회를 만들 수 있다고 믿습니다. 우리 모두가 서로를 바라볼 수 있는 사회 말입니다.

그것은 우리의 부모와 조부모들이 이루기 위해 싸워왔던 이상입니다. 우리 자신의 삶이 가능하게 하는 이상입니다. 미국의 약속이, 복잡하고 결함으로 인해, 싸울 만한 가치가 있는 약속이 되게 하는 이상입니다.

실수를 하지 맙시다. 우리의 앞에 있는 길은 쉽지 않을 것입니다. 우리는 비틀거리고, 이르지 못할 수도 있습니다. 하지만, 우리는 대담하게 행동하고 우리의 어려움을 정직하게 대처하겠다고 약속합니다. 우리는 진실을 말할 것입니다. 여러분에게 우리를 신뢰해달라고 요청하는 똑같은 신뢰를 가지고 행동할 것입니다.

word tip!

good-paying 보수가 좋은 squarely 똑바로, 정면으로 dismantle 분해[해체]하다 imperfection 미비점, 결함
stumble 비틀[휘청]거리다

We believe that our country—all of us, will stand together for a better future. We already are.

We see it in the doctors, the nurses, the home health care workers and the frontline workers who are risking their lives to save people they've never met.

We see it in the teachers and truck drivers, the factory workers and farmers, the postal workers and the **Poll workers**, all putting their own safety on the line to help us get through this pandemic.

And we see it in so many of you who are working, not just to get us through our current crises, but to somewhere better.

There's something happening, all across the country.

It's not about Joe or me.
It's about you.
It's about us. People of all ages and colors and **creeds** who are, yes, taking to the streets, and also persuading our family members, rallying our friends, organizing our neighbors, and getting out the vote.

우리의 조국은, 우리 모두, 보다 좋은 미래를 위해 함께 할 것이라고 믿습니다. 우리는 이미 함께 하고 있습니다.

한 번도 만난 적이 없는 사람들의 생명을 구하기 위해 자신들의 목숨을 거는 의사, 간호사, 재가 건강관리요원과 최전방에서 일하는 사람들에게서 그러한 것을 봅니다.

이 세계 대 유행병을 이겨내는 데 도움을 주기 위해 자신의 안전을 거는 교사, 트럭 운전사, 공장노동자와 농부들, 우편 종사자와 선거 관련 종사자들에게서 그러한 것을 볼 수 있습니다.

현재의 위기를 극복하는 것뿐 아니라 보다 좋은 미래를 위해 노력하고 있는 많은 여러분들에게서 보고 있습니다.

전국적으로 무슨 일이 일어나고 있습니다.

그것은 조와 저에 관한 것이 아닙니다.
바로 여러분에 관한 것입니다.
우리에 관한 것입니다. 모든 연령대, 피부색, 우리가 누구인가에 대한 신념의 사람들, 거리에서, 가족들을 설득하고, 친구들을 불러 모으고, 우리의 이웃들을 조직하며 투표하게 하는 국민들에 관한 것입니다.

word tip!

poll workers 선거 관리자 creed (종교적) 교리; 신념, 신조

And we've shown that, when we vote, we expand **access** to health care, expand access to the ballot box, and **ensure** that more working families can make a decent living.

I'm inspired by a new generation of leadership. You are pushing us to realize the ideals of our nation, pushing us to live the values we share: decency and fairness, justice and love. You are the **patriots** who remind us that to love our country is to fight for the ideals of our country.

In this election, we have a chance to change the course of history. We're all in this fight. You, me, and Joe—together. What an **awesome** responsibility. What an awesome privilege.

So, let's fight with conviction. Let's fight with hope. Let's fight with confidence in ourselves, and a commitment to each other. To the America we know is possible. The America, we love.

Years from now, this moment will have passed. And our children and our grandchildren will look in our eyes and ask us: Where were you when the **stakes** were so high?
They will ask us, what was it like?
And we will tell them. We will tell them, not just how we felt.
We will tell them what we did.
Thank you. God bless you. And God bless the United States of America.

우리가 투표를 하면, 우리는 건강보험의 이용이 더 용이해지고, 투표함에로의 접근도 용이해지며, 보다 많은 일하는 가정이 품위있는 삶을 꾸릴 수 있다는 것을 보아왔습니다.

저는 새로운 세대의 지도력에 감동했습니다. 여러분들은 우리가 우리 조국의 이상을 실현하도록 만들고, 우리가 공유한 가치에, 품위와 공정, 정의와 사랑 맞춰 살도록 만들고 있습니다. 조국에 대한 사랑은 조국의 이상을 위해 싸우는 것이라는 사실을 우리에게 일깨워준 여러분은 애국자입니다.

이번 선거에서 역사의 행로를 바꿀 기회가 있습니다. 우리 모두는 이 싸움에 참가하고 있습니다. 여러분, 저 그리고 조가 함께. 얼마나 멋진 책임감입니까! 얼마나 멋진 특권입니까!

따라서, 확신을 가지고 싸웁시다. 희망을 가지고 싸웁시다. 자신에 대한 확신과 서로에 대한 약속을 가지고 싸웁시다. 우리는 미국이 가능하다는 것을 알고 있습니다. 우리가 사랑하는 미국.

지금으로부터 시간이 흘러, 이 순간이 지날 것입니다. 우리의 아이들과 손주들이 우리의 눈을 바라보며, 위기가 극심했을 때 어디에 있었는지 물어볼 것입니다.
그들은 그때가 어떠했는지 물어볼 것입니다.
우리는 그들에게 이야기할 것입니다. 우리는 그들에게 단지 어떤 느낌이었는지에 대해서만 이야기하지 않을 것입니다. 우리는 우리가 무엇을 했는지에 대해 이야기할 것입니다.
감사합니다. 신의 은총이 함께 하기를. 신이시여 미국을 축복하소서.

word tip!

access 입장[접근] ensure 보장하다 patriot 애국자 awesome 경탄할 만한, 어마어마한 stake 말뚝

Kamala Harris: November 8, 2020

A Victory Speech

Good evening. So **Congressman** John Lewis, Congressman John Lewis, before his passing, wrote: "Democracy is not a state. It is an act." And what he meant was that America's democracy is not guaranteed. It is only as strong as our **willingness** to fight for it, to guard it and never take it for granted. And protecting our democracy takes struggle. It takes sacrifice. But there is joy in it, and there is progress. Because we the people have the power to build a better future.

And when our very democracy was on the ballot in this election, with the very soul of America at stake, and the world watching, you **ushered** in a new day for America.

To our campaign staff and volunteers, this extraordinary team — thank you for bringing more people than ever before into the democratic process and for making this victory possible. To the poll workers and election officials across our country who have worked **tirelessly** to make sure every vote is counted — our nation owes you a debt of gratitude as you have protected the integrity of our democracy.

And to the American people who make up our beautiful country, thank you for turning out in record numbers to make your voices heard.

카멜라 해리스. 2020년 11월 8일

부통령 당선 연설

안녕하세요. 존 루이스 의원은 작고하기 전에 다음과 같이 썼습니다: "민주주의는 상태가 아니다. 민주주의는 행동이다." 그가 의미한 것은 미국의 민주주의는 주어지는 것이 아니라는 것입니다. 그것은 민주주의를 위해 싸우고, 지키며, 결코 주어지는 것으로 받지 않겠다는 우리의 의지만큼 강력합니다. 우리의 민주주의를 지키는 것은 투쟁이 필수적입니다. 희생을 필요로 합니다. 그러나 그 과정에 기쁨이 있고, 진보가 있습니다. 우리 국민들은 보다 좋은 미래를 만들 힘이 있기 때문입니다.

그리고 우리의 그 민주주의가 이번 선거에서 심판받고 미국의 그러한 정신이 위험에 처했을 때, 세계가 주목하는 중에 여러분들은 미국을 위해 새로운 날을 열었습니다.

우리의 선거운동원들과 자원봉사자들에게, 이 뛰어난 팀은 민주적 진보에 그 어느 때보다 많은 국민들을 데려와 이번 승리가 가능하도록 만든 것에 대해 감사합니다. 모든 투표가 계수되도록 지치지 않고 일한 전국의 투표 종사자들과 선거 공무원들에게, 우리나라는 우리의 민주주의의 완전함을 지켜준 것에 감사의 빚을 지고 있습니다.

이 아름다운 나라를 만든 미국 국민들께, 기록적인 숫자로 여러분들의 목소리가 들리도록 나와 준 것에 감사드립니다.

📎 **word tip!**

Congressman (미국 의회의, 특히 하원) 국회의원 willingness 기꺼이 하는 마음
usher 안내하다 tirelessly 지칠 줄 모르고, 끊임없이

And I know times have been challenging, especially the last several months — the grief, sorrow and pain, the worries and the struggles. But we have also **witnessed** your courage, your **resilience** and the generosity of your spirit.

For four years, you marched and organized for equality and justice, for our lives, and for our planet. And then, you voted. And you delivered a clear message. You chose hope and unity, decency, science and, yes, truth.

You chose Joe Biden as the next president of the United States of America. And Joe is a **healer**, a uniter, a tested and steady hand, a person whose own experience of loss gives him a sense of purpose that will help us, as a nation, **reclaim** our own sense of purpose. And a man with a big heart who loves with abandon. It's his love for Jill, who will be an incredible first lady. It's his love for Hunter, Ashley and his grandchildren, and the entire Biden family. And while I first knew Joe as vice president, I really got to know him as the father who loved Beau, my dear friend, who we remember here today.

And to my husband, Doug; our children, Cole and Ella; my sister, Maya; and our whole family — I love you all more than I can ever express. We are so grateful to Joe and Jill for welcoming our family into theirs on this incredible journey. And to the woman most responsible for my presence here today — my mother, Shyamala Gopalan Harris, who is always in our hearts.

지난 몇 달간, 슬픔, 울적함과 고통, 금심과 투쟁으로 특히 힘들었다는 것을 알고 있습니다. 그러나 우리는 또한 여러분들의 용기, 여러분들의 회복력과 여러분들 영혼의 관대함을 목격했습니다.

지난 4년 동안 여러분께서는 평등과 정의를 위해, 우리의 삶을 위해 그리고 우리의 지구를 위해 행진하고, 조직했습니다. 그리고 투표를 했습니다. 그리고 여러분들은 확실한 메시지를 전달했습니다. 여러분들은 희망과 통합, 품위, 과학, 그리고 진리를 선택했습니다.

여러분들은 미국의 다음 대통령으로 조 바이든을 선택했습니다. 그리고 조는 치료자이고 통합자이고 검증된 일관성있는 일꾼이며, 자신의 상실의 경험이 국가로써 우리를 돕겠다는 목적의식을 갖게 하고, 우리의 목적의식을 되찾게 한 사람입니다. 또한 무조건적으로 사랑하는 큰마음을 가진 사람입니다. 그것은 질에 대한 그의 사랑이며, 그녀는 훌륭한 퍼스트레이디가 될 것입니다. 헌터, 애슐리와 자신의 손주들, 그리고 바이든 전 가족에 대한 사랑입니다. 조를 처음 부통령으로 알았지만, 실제로는 사랑하는 친구 보를 사랑하는 아버지로 그를 알게 되었으며, 오늘 우리는 그를 이 자리에서 그려봅니다.

그리고 남편 더글러스, 우리의 아이들인 콜과 엘라, 여동생 마야, 그리고 우리 가족 모두에게, 표현할 수 있는 것보다 훨씬 더 여러분을 사랑합니다. 우리는 조와 질에게 이 믿을 수 없을 만큼 훌륭한 여정에 그들의 가족으로 우리 가족을 환영해 준 것에 감사드립니다. 그리고 오늘 이 자리에 제가 올 수 있게 하는 데 가장 큰 영향을 미친 여성, 저의 어머니 샤말라 고팔란 해리스에게, 그녀는 항상 우리의 마음속에 있습니다.

word tip!

witness 목격하다 resilience 회복력 healer 치유자 reclaim 되찾다

When she came here from India at the age of 19, she maybe didn't quite imagine this moment. But she believed so deeply in an America where a moment like this is possible. And so, I'm thinking about her and about the generations of women — Black women, Asian, White, Latina, Native American women who **throughout** our nation's history have paved the way for this moment tonight. Women who fought and sacrificed so much for equality, liberty and justice for all, including the Black women, who are often, too often overlooked, but so often prove that they are the backbone of our democracy. All the women who worked to secure and protect the right to vote for over a century: 100 years ago with the 19th **Amendment**, 55 years ago with the Voting Rights Act and now, in 2020, with a new generation of women in our country who cast their ballots and continued the fight for their fundamental right to vote and be heard.

Tonight, I reflect on their struggle, their determination and the strength of their vision — to see what can be, **unburdened** by what has been. And I stand on their shoulders. And what a **testament** it is to Joe's character that he had the **audacity** to break one of the most substantial barriers that exists in our country and select a woman as his vice president.

그녀가 19세의 나이에 인도에서 이 땅에 왔을 때, 그녀는 아마 이러한 순간을 전혀 상상도 못했을 것입니다. 하지만 어머니는 이와 같은 순간이 가능한 미국에 대해 확고한 믿음이 있었습니다. 그래서, 어머니에 대해서, 그리고 수 세대에 걸친 여성들에 대해서, 우리나라의 역사상 오늘 밤 이와 같은 순간이 가능하도록 싸워온 흑인 여성, 아시아인, 백인, 라틴계, 아메리카 원주민 여성에 대해서 생각해 봅니다. 흑인 여성들을 포함한 모두를 위한, 평등과 자유 그리고 정의를 위해 싸우고 그렇게 많은 희생을 한 여성들은 종종 너무 과소평가되었지만, 그들이 우리 민주주의의 중추를 이루고 있다는 것을 입증합니다. 100여 년간 투표권을 쟁취하고 지키기 위해 일했던 모든 여성들은, 100년 전 19차 헌법 수정조항, 55년 전 투표권 법령 그리고 이제 2020년 투표권을 행사하고 투표하고 자신들의 주장이 관철되도록 투쟁을 계속하는 우리나라의 새로운 세대의 여성으로 이어집니다.

　오늘 밤, 그들의 투쟁, 결의 그리고 그동안 이룬 것에 의해 부담 없이, 무엇이 될 수 있는가에 대한 비전의 힘에 대해서 생각해 봅니다. 그리고 저는 그들의 희생을 토대로 섰습니다. 우리나라에 존재하는 가장 견고한 장애물 중 하나를 과감히 깨뜨리고 여성을 자신의 부통령으로 선택한 것은 그의 특성의 증거입니다.

word tip!
throughout …동안 쭉, 내내 amendment 미국 헌법 수정 조항 unburden 덜어 주다 testament 증거
audacity 뻔뻔함

But while I may be the first woman in this office, I will not be the last, because every little girl watching tonight sees that this is a country of possibilities. And to the children of our country, **regardless** of your gender, our country has sent you a clear message: Dream with ambition, lead with conviction, and see yourselves in a way that others may not, simply because they've never seen it before, but know that we will **applaud** you every step of the way.

And to the American people: No matter who you voted for, I will strive to be a vice president like Joe was to President Obama — **loyal**, honest and prepared, waking up every day thinking of you and your family.

Because now is when the real work begins. The hard work. The necessary work. The good work. The essential work to save lives and **beat** this pandemic. To rebuild our economy so it works for working people. To root out systemic racism in our justice system and society. To combat the climate crisis. To unite our country and heal the soul of our nation.

And the road ahead will not be easy. But America is ready, and so are Joe and I.

저는 이 직위에 오른 최초의 여성이지만, 오늘 밤을 목격하는 어린 소녀들은 모두 이것이 가능성의 나라라는 것을 알게 될 것이므로, 제가 마지막이 되지는 않을 것입니다. 그리고 우리나라의 어린이들에게, 성별에 관계없이, 우리나라는 여러분들에게 분명한 메시지를 보냈습니다. 야망을 갖고 꿈을 꾸고, 확신을 갖고 나아가며, 단지 전에 보지 못한 것이기 때문에 다른 이들이 가지 않는 길에서 자신을 보세요 하지만, 우리는 그 길의 모든 한 걸음 한 걸음에 여러분에게 찬사를 드리게 된다는 것을 알아야 합니다.

그리고 흑인 여러분들께, 여러분이 누구에게 투표를 했는지 상관없이, 조가 오바마 대통령의 부통령으로 충직하고, 정직하며 준비된 상태였던 것과 마찬가지로 저도 바이든 대통령의 부통령이 되어 매일 잠자리에서 일어나며 여러분과 여러분의 가족을 생각하겠습니다.

이제는 실제 업무가 시작되는 때이기 때문입니다. 힘든 일. 필요한 일. 훌륭한 일. 생명을 구하고 이 세계적인 유행병을 물리치는 필수적인 일. 우리의 경제를 되살리기 위해서 일하는 국민들을 위해 일해야 합니다. 우리 사법제도와 사회에서 체계적인 인종 편견을 제거하기 위해. 기후 위기에 맞서 싸우기 위해. 우리나라를 통합하고 우리나라의 정신을 치유하기 위해.

우리 앞에 놓인 길은 쉽지 않은 것입니다. 하지만, 미국은 준비가 되어있고 조와 저도 준비가 되어있습니다.

 word tip!

regardless 개의치[상관하지] 않고 applaud 박수를 치다 loyal 충실한, 충성스러운 beat 이기다

We have elected a president who represents the best in us. A leader the world will respect and our children can look up to. A **commander** in chief who will respect our troops and keep our country safe. And a president for all Americans.

It is now my great honor to **introduce** the **president-elect** of the United States of America, Joe Biden.

우리는 우리 중 최선을 보여주는 대통령을 선출했습니다. 세계가 존경하고 우리의 아이들이 존경하게 될 지도자입니다. 우리의 군대를 존중하고 우리나라를 안전하게 지켜줄 총사령관입니다. 그리고 모든 미국인의 대통령입니다.

이제 미국의 대통령 당선자 조 바이든을 소개하는 것은 제게는 큰 영광입니다.

 word tip!

commander 지휘관, 사령관 introduce 소개하다 president-elect 대통령 당선자

Michelle Obama : August 19, 2020 .

A Supporting Speech

Good evening, everyone. It's a hard time, and everyone's feeling it in different ways. And I know a lot of folks are **reluctant** to **tune** into a political convention right now or to politics in general. Believe me, I get that. But I am here tonight because I love this country with all my heart, and it pains me to see so many people hurting.

I've met so many of you. I've heard your stories. And through you, I have seen this country's promise. And thanks to so many who came before me, thanks to their **toil** and sweat and blood, I've been able to live that promise myself.

That's the story of America. All those folks who sacrificed and overcame so much in their own times because they wanted something more, something better for their kids.

There's a lot of beauty in that story. There's a lot of pain in it, too, a lot of struggle and injustice and work left to do. And who we choose as our president in this election will determine whether or not we honor that struggle and chip away at that injustice and keep **alive** the very possibility of finishing that work.

미쉘 오바마. 2020년 8월 19일
후보 지지 연설

안녕하세요. 여러분! 지금은 어려운 시기입니다. 모두 나름대로 겪고 있습니다. 지금은 많은 사람들이 정치행사에 참여하는 것을 꺼린다는 것을 알고 있습니다. 저도 알고 있습니다. 그러나 저는 온 마음을 다해 우리나라를 사랑하고, 그렇게 많은 사람들이 상처 입는 것이 가슴 아파 오늘 이 자리에 섰습니다.

지금까지 여러분들을 많이 만났습니다. 여러분들의 이야기를 들었습니다. 여러분을 통해 저는 우리나라의 약속을 보고 있습니다. 제 앞길을 가신 그렇게 많은 분들 덕에, 그분들의 투쟁, 땀과 피의 덕분에 저는 그 약속을 실현하는 삶을 살 수 있었습니다.

그것은 미국의 이야기입니다. 자녀들에게 보다 많이, 보다 좋은 것을 주기 원했기 때문에 자신들의 시대에 그렇게 많이 희생하고 극복했던 분들입니다.

그러한 이야기에는 아름다운 것이 많습니다. 고통스러운 것도 역시 많고, 투쟁과 부당함도 많고 해야 할 일도 많이 남아있습니다. 이번 선거에서 누구를 대통령으로 선택하는 가는 그러한 투쟁을 예우하고 그러한 부당함을 척결하고 그와 같은 임무의 완성 가능성이 계속되길 바라는지를 결정할 것입니다.

word tip!

reluctant 꺼리는, 마지못한 tune 음을 맞추다, 조율하다 toil 힘들게[고생스럽게] 일하다 alive 살아 있는

I am one of a handful of people living today who have seen **firsthand** the **immense** weight and awesome power of the presidency. And let me once again tell you this: The job is hard. It requires **clear-headed** judgment, a mastery of complex and competing issues, a devotion to facts and history, a moral compass, and an ability to listen — and an abiding belief that each of the 330,000,000 lives in this country has meaning and worth.

A president's words have the power to move markets. They can start wars or broker peace. They can **summon** our better angels or awaken our worst instincts. You simply cannot fake your way through this job.

As I've said before, being president doesn't change who you are; it reveals who you are. Well, a presidential election can reveal who we are, too. And four years ago, too many people chose to believe that their votes didn't matter. Maybe they were fed up. Maybe they thought the outcome wouldn't be close. Maybe the barriers felt too **steep**. Whatever the reason, in the end, those choices sent someone to the Oval Office who lost the national popular vote by nearly 3,000,000 votes.

In one of the states that determined the **outcome**, the winning margin averaged out to just two votes per precinct — two votes. And we've all been living with the consequences.

제는 대통령직의 엄청난 중압감과 굉장한 권한을 직접 목격한 오늘날 살아있는 몇 안 되는 사람 중 하나입니다. 여러분들에게 다음과 같이 다시 한번 말씀드리겠습니다. 그 일은 힘이 듭니다. 명석한 판단, 복잡하고 모순되는 문제에 대한 완벽한 이해, 사실과 역사에 대한 헌신, 도덕적 중용, 귀 기울여 들을 수 있는 능력, 그리고 우리나라의 3억 3천만 명의 목숨 하나하나 가 의미 있고 가치 있다는 확고한 믿음을 가져야 합니다.

대통령의 말은 시장이 움직이게 하는 힘이 있습니다. 그의 말은 전쟁을 시작하거나 평화 중재를 할 수 있습니다. 우리의 보다 선량한 천사를 불러 모으거나 우리의 가장 사악한 본능을 깨울 수도 있습니다. 이 일에서 속임수를 쓸 수는 없습니다.

전에 말씀드렸듯이, 대통령이 된다는 것은 여러분의 본모습을 바꾸지 않고, 여러분의 본모 습을 들어냅니다. 대통령선거는 우리의 본 모습을 드러낼 수 있습니다. 4년 전, 너무 많은 사람 들이 그들의 표가 중요하지 않다고 생각했습니다. 식상했을 수도 있습니다. 표의 차이가 상당 히 클 것이라고 생각했을 수도 있습니다. 장벽이 너무 가파르다고 생각했을 수도 있습니다. 이 유야 어찌 되었던, 결국, 전국 투표에서 거의 3백만 표 적게 받은 사람이 백악관으로 들어가게 만들었습니다.

결과를 결정했던 주 중 하나에서, 승리의 표 차이는 평균 선거구당 2표였습니다. 그리고 우 리는 그 결과에 따라 살아오고 있습니다.

word tip!
firsthand 직접 immense 엄청난 clear-headed 냉철한 summon 소환하다
steep 가파른. 비탈진 outcome 결과

When my husband left office with Joe Biden at his side, we had a record-breaking **stretch** of job creation. We'd secured the right to healthcare for 20,000,000 people. We were respected around the world, rallying our allies to confront climate change. And our leaders had worked hand-in-hand with scientists to help prevent an Ebola outbreak from becoming a global pandemic.

Four years later, the state of this nation is very different. More than 150,000 people have died, and our economy is in **shambles** because of a virus that this president **downplayed** for too long. It has left millions of people jobless. Too many have lost their healthcare; too many are struggling to take care of basic necessities like food and rent; too many communities have been left in the **lurch** to **grapple** with whether and how to open our schools safely. Internationally, we've turned our back, not just on agreements forged by my husband, but on alliances championed by presidents like Reagan and Eisenhower.

And here at home, as George Floyd, Breonna Taylor, and a never-ending list of innocent people of color continue to be murdered, stating the simple fact that a Black life matters is still met with derision from the nation's highest office.

남편과 조 바이든이 나란히 집무실을 나올 때, 우리는 기록적인 일자리를 만들었습니다. 우리는 2천만 명의 의료보험 자격을 보장했습니다. 우리는 전 세계의 존경을 받고, 기후변화에 대응하기 위해 동맹국들과 회합을 가졌습니다. 그리고 우리의 지도자들은 에볼라 바이러스가 전 지구적 유행병이 되지 않도록 과학자들과 함께 노력했습니다.

4년이 지난 지금, 우리나라의 상황은 매우 다릅니다. 현재의 대통령이 너무 오랫동안 얕잡아본 바이러스로 인해, 15만 명 이상의 사람들이 사망했고 우리의 경제는 비틀거리고 있습니다. 너무 많은 사람들이 건강보험 자격을 상실했고, 너무 많은 사람들이 식품과 집세와 같은 기본적인 필수품을 마련하는데 고생하고 있습니다. 너무 많은 지역 사회들이 우리의 학교를 안전하게 문을 열수 있는지 그 방법은 무엇인지에 알아내는 데 우왕좌왕하고 있습니다. 국제적으로는, 우리는 제 남편이 만들었던 협정뿐만 아니라 레이건이나 아이젠하우어와 같은 대통령의 지지를 받던 협정들에 등을 돌렸습니다.

국내에서는, 조지 플로이드. 브레오나 테일러와 나열할 수 없을 만큼 끝없이 이어지는 유색인들이 계속 살해되고 있으며, 흑인의 생명이 중요하다는 단순한 사실을 말하는 것이 여전히 우리나라의 최고 관리로부터 조롱을 당하고 있습니다.

word tip!
rstretch 뻗은[펼쳐져 있는] 지역[구간] shambles 난장판. 큰 혼란 상태 downplay 경시하다 lurch 휘청함. 요동침 grapple (해결책을 찾아) 고심하다

Because whenever we look to this White House for some leadership or consolation or any **semblance** of steadiness, what we get instead is chaos, division, and a total and **utter** lack of empathy.

Empathy: that's something I've been thinking a lot about lately. The ability to walk in someone else's shoes; the recognition that someone else's experience has value, too. Most of us practice this without a second thought. If we see someone suffering or struggling, we don't stand in judgment. We reach out because, "There, but for the grace of God, go I." It is not a hard concept to **grasp**. It's what we teach our children.

And like so many of you, Barack and I have tried our best to **instill** in our girls a strong moral foundation to carry forward the values that our parents and grandparents **poured** into us. But right now, kids in this country are seeing what happens when we stop requiring empathy of one another. They're looking around wondering if we've been lying to them this whole time about who we are and what we truly value.

They see people shouting in grocery stores, unwilling to wear a mask to keep us all safe. They see people calling the police on folks minding their own business just because of the color of their skin.

우리가 백악관에 어떤 지도력 혹은 위로 혹은 일관성 같은 것을 기대하면 언제나, 대신 우리가 갖게 되는 것은 혼돈, 분란, 그리고 공감 능력의 전체적이고 완전한 부족이었기 때문입니다.

　공감 능력: 그것이 바로 제가 최근에 많이 생각하는 것입니다. 다른 사람의 입장이 되어보는 능력, 다른 사람의 경험이 가치 있다는 인정. 대부분의 우리는 이것은 즉각적으로 실행합니다. 누군가 고통받고 있거나 고생하고 있는 것을 보면, 우리는 판단하며 서있지는 않습니다. "신의 돌봄이 아니면 내가 저렇게 되었을 텐데" 하며 우리는 손길을 내밉니다. 이것은 이해하기 어려운 것이 아닙니다. 이것은 우리가 우리의 아이들에게 가르치는 것입니다.

　많은 여러분들과 마찬가지로, 버락과 저는 딸들에게 우리의 부모와 조부모가 전해주었던 가치를 계속 앞으로 가지고 가야 할 강력한 도덕적 토대를 심어주기 위해 최선을 다하고 있습니다. 하지만, 지금 현재, 우리나라 아이들은 서로에게 공감하지 않게 되었을 때 일어나는 일을 보고 있습니다. 우리가 누구이고 우리가 진정으로 중요시하는 것에 대해 자신들에게 거짓말하는 것은 아닌지 의심하여 두리번거리고 있습니다.

　식료품점에서 소리 지르고, 우리 모두의 안전을 위해 마스크를 쓰려 하지 않는 것을 봅니다. 피부색 때문에, 자신의 일에 신경 쓰는 사람들을 경찰에 신고하는 사람들을 보고 있습니다.

 word tip!

semblance 외관, 겉모습 utter 완전한 grasp 파악하다 instill 스며들게 하다
pour 붓다[따르다]

They see an **entitlement** that says only certain people belong here, that greed is good, and winning is everything because as long as you come out on top, it doesn't matter what happens to everyone else. And they see what happens when that lack of empathy is **ginned** up into **outright disdain**.

They see our leaders labeling fellow citizens enemies of the state while **emboldening torch-bearing** white supremacists. They watch in horror as children are torn from their families and thrown into cages, and pepper spray and rubber bullets are used on peaceful protestors for a **photo-op**.

Sadly, this is the America that is on display for the next generation. A nation that's **underperforming** not simply on matters of policy but on matters of character. And that's not just disappointing; it's downright infuriating, because I know the goodness and the grace that is out there in households and neighborhoods all across this nation.

And I know that, regardless of our race, age, religion or politics, when we close out the noise and the fear and truly open our hearts, we know that what's going on in this country is just not right. This is not who we want to be.

어떤 사람들만이 여기에 속한다고 말하고, 욕심은 좋은 것이고 정상에 오를 수 있다면 이기는 것이 중요하고, 다른 사람들에게 무슨 일이 일어나든 상관없다는 주장을 보고 있습니다. 그러한 공감 능력의 상실이 노골적인 경멸로 나타날 때 무슨 일이 일어나는지 보고 있습니다.

　우리의 지도자가 횃불을 든 백인 우월주의자들이 잘했다고 하면서 동료 시민들을 국가의 적이라고 부르는 것을 보고 있습니다. 어린 아이들이 부모에게서 떨어져 철창에 갇히고, 사진 찍기 위해, 최루액과 고무탄이 평화로운 시위대에 사용되는 것을 두려움에 떨며 바라보고 있습니다.

　유감스럽게도, 이것이 다음 세대에게 보여주는 미국입니다. 단지 정책의 면에서뿐만 아니라 특성의 면에서 기대만큼 역할을 하지 못하는 국가입니다. 전국적으로 가정과 동네에 선함과 품위가 사라졌기 때문에, 단지 실망스러운 것이 아니라, 대단히 분노를 불러일으킵니다.

　인종, 연령, 종교나 정치적 신념에 상관없이, 소음과 두려움을 몰아내고 우리의 마음을 진정으로 열면, 우리는 지금 우리나라에서 벌어지는 일은 올바른 것이 아니라는 것을 우리는 알고 있습니다. 이것은 우리가 원하는 모습이 아닙니다.

 word tip!

entitlement 자격　gin 시작하다　outright 노골적인　disdain 업신여김, 무시　embolden 대담하게 만들다
torch-bearing 횃불을 들고 있는　photo-op 사진 촬영　underperform 기량 발휘를 못하다

So what do we do now? What's our strategy? Over the past four years, a lot of people have asked me, "When others are going so low, does going high still really work?" My answer: Going high is the only thing that works, because when we go low, when we use those same tactics of **degrading** and **dehumanizing** others, we just become part of the ugly noise that's drowning out everything else. We degrade ourselves. We degrade the very causes for which we fight.

But let's be clear: Going high does not mean putting on a smile and saying nice things when confronted by **viciousness** and cruelty. Going high means taking the harder path. It means scraping and **clawing** our way to that mountaintop. Going high means standing fierce against hatred while remembering that we are one nation under God, and if we want to survive, we've got to find a way to live together and work together across our differences.

And going high means unlocking the **shackles** of lies and mistrust with the only thing that can truly set us free: the cold hard truth.

So let me be as honest and clear as I possibly can. Donald Trump is the wrong president for our country. He has had more than enough time to prove that he can do the job, but he is clearly in over his head. He cannot meet this moment. He simply cannot be who we need him to be for us. It is what it is.

그러면 우리는 무엇을 하나요? 우리의 전략은 무엇인가요? 지난 4년간 수많은 사람들이 "다른 사람들이 그렇게 비열해지면, 무시하는 것이 실제로 효과 있을까요"라고 제게 물었습니다. 우리가 비열해져서 다른 사람들을 깎아내리고 비인간화하는 그와 똑같은 전략을 사용한다면 우리는 모든 다른 것들을 덮어버리는 흉측한 소음의 일부가 되기 때문에, 무시하는 것이 유일한 효과적인 대응 방식이라고 대답합니다. 우리가 비열해진다면, 우리는 우리 자신을 모욕하는 것이 됩니다. 우리는 우리가 지키려는 바로 그 대의명분을 비하하는 것이 됩니다.

그러나 분명히 말해보겠습니다. 비열함을 무시한다는 것은 사악함과 잔인함을 마주했을 때 미소를 머금고 듣기 좋은 말을 한다는 것을 의미하는 것이 아닙니다. 비열함을 무시한다는 것은 보다 더 어려운 길을 택한다는 것을 의미합니다. 그 산 정상으로 향하는 우리의 길을 갈고 닦아 길을 내고 헤치고 나간다는 의미입니다. 비열함을 무시한다는 것은 우리는 하나의 국가라는 것을 기억하면서 분노에 강력하게 맞선다는 것을 의미합니다. 그리고 우리가 살아남기를 원한다면, 함께 살고 우리의 어려움을 함께 헤쳐 나갈 살 수 있는 길을 찾아야 합니다.

그리고 비열함을 무시하는 것은 우리를 진정으로 자유롭게 할 수 있는 유일한 것으로, 즉 냉엄하고 확실한 진리로, 거짓과 불신의 사슬을 풀어버린다는 것입니다.

가능한 한 정직하고 분명하게 말씀드리겠습니다. 도널드 트럼프는 우리나라를 위해서는 좋지 않은 대통령입니다. 그 직책을 수행할 수 있다는 것을 입증하기에 필요 이상의 시간을 보냈지만, 그는 확실히 능력이 부족합니다. 그는 이 순간을 대처할 수가 없습니다. 그는 단지 우리에게 필요한 그런 사람이 되지 못합니다. 이것이 현재의 상황입니다.

word tip!
degrading 비하하는 dehumanizing 비인간화 viciousness 사악함 claw 할퀴대[긁다]
shackles 족쇄, 쇠고랑

Now, I understand that my message won't be heard by some people. We live in a nation that is deeply divided, and I am a Black woman speaking at the Democratic **Convention**. But enough of you know me by now.

You know that I tell you exactly what I'm feeling. You know I hate politics. But you also know that I care about this nation. You know how much I care about all of our children.

So if you take one thing from my words tonight, it is this: If you think things cannot possibly get worse, trust me, they can, and they will if we don't make a change in this election. If we have any hope of ending this **chaos**, we have got to vote for Joe Biden like our lives depend on it.

I know Joe. He is a **profoundly decent** man, guided by faith. He was a terrific vice president. He knows what it takes to rescue an economy, beat back a pandemic, and lead our country.

And he listens. He will tell the truth and trust science. He will make smart plans and manage a good team. And he will govern as someone who's lived a life that the rest of us can recognize.

어떤 사람들은 저의 말에 귀를 기울이려 하지 않는다는 것을 압니다. 우리는 깊이 분열되어 있는 나라에 살고 있고, 저는 민주당 전당대회에서 연설하는 흑인 여성입니다. 그러나 이제는 상당수의 여러분들은 저를 알게 되었습니다. 제가 느끼는 것을 말하고 있다고 여러분은 알고 있습니다.

여러분은 제가 정치를 싫어한다는 것을 알고 있습니다. 하지만 제가 우리나라를 염려한다는 것을 또한 알고 있습니다. 제가 우리 아이들 모두를 얼마나 염려하는지 여러분은 알고 있습니다.

여러분이 오늘 밤 제 말에서 한 가지 기억할 것은 이것입니다. 만약 상황이 더 나빠질 수 없다고 생각한다면, 우리가 이번 선거에서 변화를 선택하지 않는다면, 더 나빠질 수 있고 더 나빠질 것입니다. 이러한 혼란을 끝낼 가능성을 갖고 있다면, 우리는 우리의 목숨이 달려있는 것처럼 조 바이든에게 투표해야 합니다.

저는 조 바이든을 알고 있습니다. 그는 믿음에 맞춰 사는 정말로 품위 있는 사람입니다. 그는 훌륭한 부통령이었습니다. 그는 우리의 경제를 구하고, 이 대 유행병을 물리치고, 우리나라를 이끌어 나가기 위해 무엇을 해야 하는지 알고 있습니다.

그리고 그는 귀를 기울입니다. 그는 진실을 말하고 과학을 믿습니다. 그는 훌륭한 계획을 세우고 훌륭한 팀을 운영할 것입니다. 그는 우리들이 인정할 수 있는 삶을 살고 있는 어떤 사람처럼 통치할 것입니다.

word tip!

convention 대회[협의회] chaos 혼돈, 혼란 profoundly 극심하게, 완전히 decent 품위 있는, 예의 바른

When he was a kid, Joe's father lost his job. When he was a young senator, Joe lost his wife and his baby daughter. And when he was vice president, he lost his beloved son. So Joe knows the **anguish** of sitting at a table with an empty chair, which is why he gives his time so freely to grieving parents.

Joe knows what it's like to struggle, which is why he gives his personal phone number to kids overcoming a **stutter** of their own.

His life is a testament to getting back up, and he is going to channel that same grit and passion to pick us all up, to help us heal and guide us forward.

Now, Joe is not perfect. And he'd be the first to tell you that. But there is no perfect candidate, no perfect president. And his ability to learn and grow — we find in that the kind of humility and **maturity** that so many of us **yearn** for right now.

Because Joe Biden has served this nation his entire life without ever losing sight of who he is. But, more than that, he has never lost sight of who we are, all of us.

어렸을 때, 조의 아버지는 실직을 했습니다. 그가 젊은 상원 의원이었을 때, 조는 부인과 갓 난 딸을 잃었습니다. 부통령이었을 때, 사랑하는 아들을 잃었습니다. 그래서 조는 빈 의자가 놓여있는 테이블에 앉는 고통을 알고 있기에, 슬픔에 빠진 부모들에게 시간을 기꺼이 내는 것 입니다.

조는 열심히 노력한다는 것이 무엇인지 알고 있기에, 말더듬이를 극복하려고 노력하는 아이들에게 개인 전화번호를 알려주는 이유입니다.

그의 삶은 다시 일어나는 것의 증거이고, 그는 우리 모두를 다시 일으켜 세우고, 우리 모두를 치유하고, 우리 모두를 앞으로 나아가게 인도하기 위해 바로 그 용기와 열정을 쏟아 넣을 것입니다.

조는 완벽하지 않습니다. 그는 그것을 여러분들에게 제일 먼저 말할 것입니다. 그러나 완벽한 후보자나 완벽한 대통령은 없습니다. 배우고 성장하는 그의 능력, 지금 바로 이 순간 많은 우리 국민들이 원하는 겸양과 성숙함 속에서 그것을 보게 됩니다.

조 바이든은 자신의 본분을 잊지 않고 일생 동안 우리나라를 위해 봉사해왔습니다. 그는 우리 모두가 어떤 사람인지에 대해 잊은 적이 없습니다.

word tip!

anguish 괴로움, 비통 stutter 말더듬 maturity 성숙함, 원숙함 yearn 갈망하다, 동경하다

Joe Biden wants all of our kids to go to a good school, see a doctor when they're sick, live on a healthy planet. And he's got plans to make all of that happen. Joe Biden wants all of our kids, no matter what they look like, to be able to walk out the door without worrying about being **harassed** or arrested or killed.

He wants all of our kids to be able to go to a movie or a math class without being afraid of getting shot. He wants all our kids to grow up with leaders who won't just serve themselves and their wealthy **peers** but will provide a safety net for people facing hard times.

And if we want a chance to **pursue** any of these goals, any of these most basic requirements for a functioning society, we have to vote for Joe Biden in numbers that cannot be ignored. Because right now, folks who know they cannot win fair and square at the ballot box are doing everything they can to stop us from voting.

They're closing down polling places in minority neighborhoods. They're **purging** voter rolls. They're sending people out to **intimidate** voters, and they're lying about the security of our ballots. These tactics are not new.

조 바이든은 우리의 아이들 모두 좋은 학교에 다니고, 아프면 병원에 가고, 건강한 지구에 살기를 원합니다. 그는 이 모든 것이 실현되게 할 계획을 마련했습니다. 조 바이든은 우리의 아이들 모두가 생김새에 상관없이 괴롭힘을 당하거나 체포되거나 살해될 걱정 없이 문밖으로 걸어 나갈 수 있기를 바랍니다.

그는 우리 아이들 모두가 총에 맞을 두려움 없이 극장에 가거나 공부하러 갈 수 있기를 바랍니다. 자기 자신이나 자신의 부유한 동료들만을 챙기지 않고 어려움에 처한 사람들을 위해 안전망을 제공해 주는 지도자들과 함께 우리 아이들 모두가 자라날 수 있기를 바랍니다.

이러한 목표 중 어떤 것이라도, 정상적인 사회를 위한 가장 필요한 어떤 것이라도 이룰 기회를 원한다면, 무시될 수 없는 숫자로 조 바이든에게 투표해야 합니다. 바로 지금, 공정한 선거에서 승리할 수 없는 사람들이 우리가 투표하지 못하게 하려고 모든 수단을 다 동원하고 있기 때문입니다.

그들은 소수집단의 동네에 위치한 투표소를 폐쇄하고 있습니다. 그들은 선거인 명부를 없애고 있습니다. 그들은 유권자들을 겁주기 위해 사람들을 보내고, 우리 선거의 안전성에 대한 거짓말을 하고 있습니다. 이런 전략은 새로운 것이 아닙니다.

word tip!
harass 괴롭히다 peer 또래 pursue 추구하다 purge 제거[숙청]하다
intimidate 겁을 주다[위협하다]

But this is not the time to **withhold** our votes in protest or play games with candidates who have no chance of winning. We have got to vote like we did in 2008 and 2012. We've got to show up with the same level of passion and hope for Joe Biden. We've got to vote early, in person if we can. We've got to request our **mail-in** ballots right now, tonight, and send them back immediately and follow up to make sure they're received. And then make sure our friends and families do the same.

We have got to grab our comfortable shoes, put on our masks, pack a brown bag dinner and maybe breakfast too, because we've got to be willing to stand in line all night if we have to.

Look, we have already sacrificed so much this year. So many of you are already going that extra mile. Even when you're exhausted, you're **mustering** up unimaginable courage to put on those **scrubs** and give our loved ones a fighting chance. Even when you're anxious, you're delivering those packages, stocking those shelves, and doing all that essential work so that all of us can keep moving forward.

Even when it all feels so overwhelming, working parents are somehow **piecing** it all together without child care. Teachers are getting creative so that our kids can still learn and grow. Our young people are desperately fighting to pursue their dreams.

항의의 의미로 선거를 제지하거나 승리의 가능성이 없는 후보자를 속여야 하는 때가 아닙니다. 우리는 2008년과 2012년에처럼 투표해야 합니다. 조 바이든을 위해 똑같은 열정과 희망으로 나서야 합니다. 가능한 한 일찍 직접 투표해야 합니다. 지금 당장 우편투표를 요청하고, 즉시 투표용지를 보내고 수령했는지 확인해야 합니다. 그리고 친구와 가족들도 똑같이 했는지 확인해야 합니다.

필요하다면, 밤새도록 줄 서있을 생각을 해야 하기 때문에, 편안한 신발을 신고, 마스크를 쓰고, 저녁 도시락을 준비해서, 혹은 아침용 도시락도 준비해야 합니다.

올해 우리는 벌써 너무 많이 희생했습니다. 수많은 여러분이 이미 필요 이상으로 희생했습니다. 우리가 지쳤을 때조차도, 여러분들은 사랑하는 사람에게 싸울 수 있는 기회를 주기 위해 수술복을 입고도 상상할 수도 없는 용기를 냅니다. 근심에 싸였을 때조차도, 물건들을 가져다 선반에 채워놓고, 모든 필요한 일들 처리해서 우리 모두가 계속 앞으로 나아갈 수 있습니다.

상황이 너무 압도적일 때조차도, 일하는 부모들은 아이들을 돌보지 않고 어떻게든 헤쳐 나갑니다. 교사들은 창의성을 발휘하여, 아이들이 계속 배우고 성장할 수 있게 합니다. 우리의 젊은이들은 자신들의 꿈을 실현하기 위해 필사적으로 노력합니다.

word tip!

withhold 정보를 덮어두다 mail-in 우송의 muster 모으다 scrubs 수술복(옷) piece 부분[조각/부품]

And when the horrors of systemic racism shook our country and our consciences, millions of Americans of every age, every background rose up to march for each other, crying out for justice and progress.

This is who we still are: compassionate, resilient, decent people whose fortunes are **bound** up with one another. And it is well past time for our leaders to once again **reflect** our truth.

So, it is up to us to add our voices and our votes to the course of history, **echoing** heroes like John Lewis who said, "When you see something that is not right, you must say something. You must do something." That is the truest form of empathy — not just feeling, but doing; not just for ourselves or our kids, but for everyone, for all our kids.

And if we want to keep the possibility of progress alive in our time, if we want to be able to look our children in the eye after this election, we have got to **reassert** our place in American history. And we have got to do everything we can to elect my friend, Joe Biden, as the next president of the United States.

Thank you all. God bless.

제도적인 인종차별의 공포가 우리나라와 우리의 양심을 뒤흔들면, 연령, 인종에 상관없이 수많은 미국인들이 서로를 위해 행진하고, 정의와 진보를 외칩니다.

이것이 여전히 우리의 모습, 운명이 서로 묶여있는 동정심 있고, 다시 일어서며, 품위 있는 사람입니다. 우리의 지도자들이 우리의 진실을 깊이 성찰해본 것은 참으로 오래전의 일입니다.

따라서, 역사의 과정에 우리의 목소리와 우리의 표를 더하는 것은 우리에게 달려있습니다. "올바르지 않은 것을 보게 되면, 무엇인가 말해야 합니다. 무엇인가 행동해야 합니다"라고 한 존 루이스와 같은 영웅의 말을 떠올려봅니다. 이것이 우리의 가장 진실한 형태의 공감이고, 느끼는 것이 아니라 행동하는 것, 단지 우리 자신이나 우리의 아이들만을 위한 것이 아니라 우리 모두, 우리 아이들 모두를 위한 것입니다.

우리 시대에 진보의 가능성이 살아있게 하고 싶다면, 이번 선거 이후 아이들의 눈을 바라보기 원한다면, 우리는 미국 역사에서 우리의 위치를 다시 한번 주장해야 합니다. 우리는 조 바이든을 다음 미국 대통령으로 선출하도록 모든 것을 다해야 합니다.

감사합니다. 신의 축복이 있기를.

word tip!

bind 묶다 reflect 비추다 echo 울리다, 메아리치다 reassert 다시 주장하다

BIDEN SAYS:
UNITY, UNITY!